本书系 2009 年度教育部人文社会科学研究一般项目"我国农村土地整理立法问题研究"（批准号：09YJC820093）、2013 年度教育部人文社会科学研究一般项目"我国土地整理监管法律问题研究"（批准号：13YJC820111）研究成果，并受西南大学法学院青年文库出版基金资助。

宪法依据问题研究
——以我国土地整理立法为例

赵 谦 著

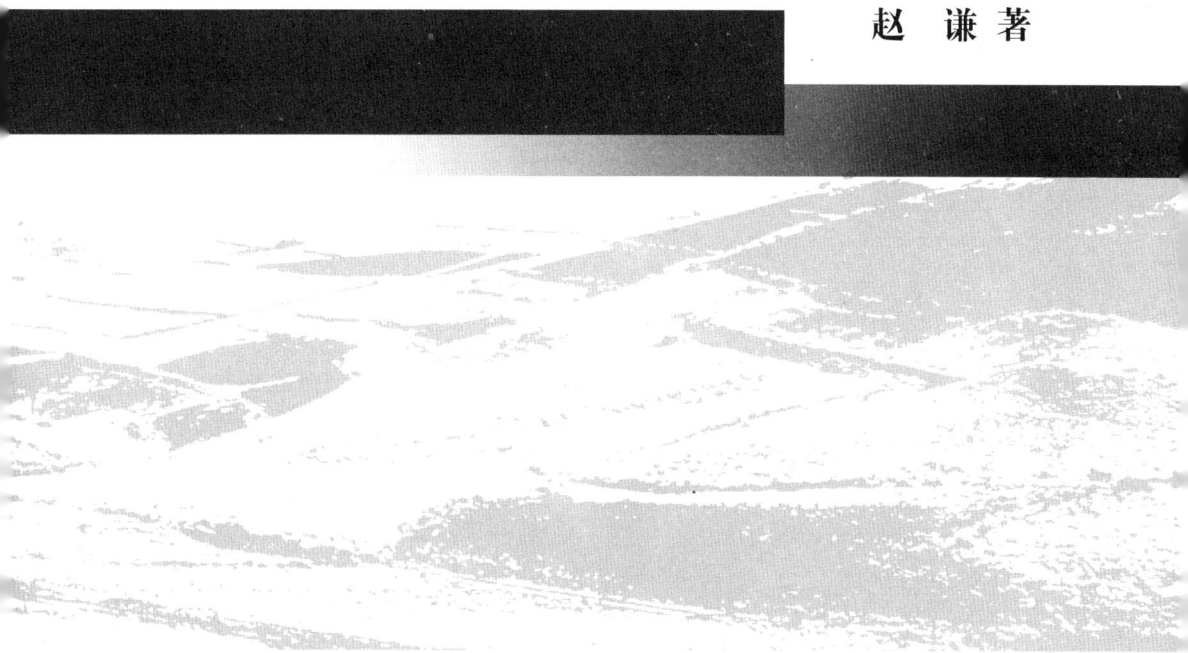

人民出版社

目　录

引　言

一、研究背景与理论基础

"宪法依据问题研究——以我国土地整理立法为例"是一种论证，"由断定一个或一些判断的真实性，进而断定另一个判断的真实性，这就是论证。"①这样的论证首先要断定"宪法依据"问题的真实存在与研究必要性，而后要断定"我国土地整理立法"的真实性与作为一个问题的研究必要性，如此方能以"我国土地整理立法"为样本进入"宪法依据"问题的实证分析。

（一）"宪法依据"问题

"宪法依据"问题的直接文本表征就是"根据宪法，制定本法"，或在实际研究中为某类制度构建、某项立法找到宪法依据。我国的"宪法依据"问题最早是许崇德、刘延寿于现行宪法颁行后不久的1983年提出的，他们先后从"新宪法的颁布对于社会主义民主与社会主义法制的建设具有极其重大的意义"②和"现代行政法作为国内法的一个重要部门，它与宪法的关系表现得最为密切"③两个方面，确立了学界就本问题从制度建构之宪法依据、具体立法之宪法依据两个侧面展开研究的基本"范式"④。

---

① 金岳霖：《形式逻辑》，人民出版社2006年版，第280页。
② 许崇德：《新宪法是建设社会主义民主与法制的根据》，《法学》1983年第2期。
③ 刘延寿：《略论我国行政立法的宪法依据》，《现代法学》1983年第2期。
④ 参见石佑启：《论公共行政与行政法学范式转换》，北京大学出版社2003年版，第86—94页。

其后 30 余年里,学界陆续有人进行相关研究,但显然未引起足够关注。直至 2007 年前后,围绕《中华人民共和国物权法》的起草、研究,随莫纪宏的"物权法草案忽视了物权法的宪法依据"①、梁慧星的"建议删去'依据宪法'四字"②、童之伟的"立法'根据宪法'无可非议"③等观点先后出炉,又让"宪法依据"这个稍显冷寂的问题掀起了一个研究小高潮。期间高飞的"在物权法制定中遵循宪法的基本精神和具体规范是非常必要的,但对物权法的宪法依据的分析应当跟上时代发展的潮流"④和苗连营、程雪阳的"'宪法是根本法'却并不意味着一定要在法律制定中有诸如'根据宪法,制定本法'之类的条款,宪法学界在此问题上的坚守可能是对'宪法是根本法'这一命题的误解"⑤这两种观点又加入了这场小小的论战。而后叶海波则从"'根据宪法,制定本法'的权源内涵和法源内涵"⑥两方面确证了"根据宪法,制定本法"的正当性与可行性。

总体而言,大多数的研究皆与这场以"物权法"为样本之论战视角一样,当然也是对前述基本研究范式的依循,即选择某一立法或制度为样本进行实证、微观研究。这些研究所涉样本依时间先后顺序大致可罗列如下:"民主与法制"⑦、"行政立法"⑧、"企业制度"⑨、"通信制度"⑩、"刑法"⑪、"改革开放政策"⑫、

---

① 莫纪宏:《如何看待物权法的宪法依据》,《检察日报》2005 年 8 月 22 日。
② 梁慧星:《不宜规定"根据宪法,制定本法"》,《社会科学报》2006 年 11 月 16 日。
③ 童之伟:《立法"根据宪法"无可非议——评"全国人大立法不宜根据宪法说"》,《中国法学》2007 年第 1 期。
④ 高飞:《也谈物权法平等保护财产权的宪法依据——与童之伟教授商榷》,《法学》2006 年第 10 期。
⑤ 苗连营、程雪阳:《"民法帝国主义"的虚幻与宪法学的迷思——第三只眼看"根据宪法,制定本法"的争论》,《四川大学学报(哲学社会科学版)》2008 年第 2 期。
⑥ 叶海波:《"根据宪法,制定本法"的规范内涵》,《法学家》2013 年第 5 期。
⑦ 参见许崇德:《新宪法是建设社会主义民主与法制的根据》,《法学》1983 年第 2 期。
⑧ 参见刘延寿:《略论我国行政立法的宪法依据》,《现代法学》1983 年第 2 期。
⑨ 参见何华辉:《论增强企业活力的宪法依据》,《法学评论》1986 年第 5 期。
⑩ 参见吕世珩:《保护通信的各种规定都应以宪法为根据》,《现代邮政》1987 年第 3 期。
⑪ 参见黄安生:《论制定刑法以宪法为根据》,《法学杂志》1989 年第 4 期;王天一:《论刑法的宪法根据》,《安顺学院学报》2013 年第 5 期。
⑫ 参见陈曼民:《试谈我国改革开放政策的宪法依据》,《湘潭师范学院学报(社会科学版)》1992 年第 5 期。

"科技法"①、"市场经济制度"②、"人大监督制度"③、"反邪教制度"④、"隐私权立法"⑤、"刑事侦查制度"⑥、"紧急状态制度"⑦、"社会保障制度"⑧、"知情权制度"⑨、"监狱制度"⑩、"行政许可制度"⑪、"物权法"⑫、"行政处罚法"⑬、

---

① 参见张黎:《制定科技进步法的宪法依据和政策依据是什么?》,《中国科技信息》1993 年第 10 期。

② 参见马新文:《建立社会主义市场经济体系的宪法依据》,《河南公安学刊》1994 年第 S1 期。

③ 参见黎藜:《人大行使个案监督具有宪法依据》,《政治与法律》2000 年第 2 期。

④ 参见李卫海:《反邪教的宪法依据》,《工会论坛(山东省工会管理干部学院学报)》2002 年第 1 期。

⑤ 参见刘向红:《论隐私权法律保护的宪法依据》,《福建法学》2003 年第 1 期。

⑥ 参见周伟:《宪法依据的缺失:侦查阶段辩护权缺位的思考》,《政治与法律》2003 年第 6 期。

⑦ 参见王毅:《论完善我国应急法律制度的宪法依据——〈宪法修正案〉确立的紧急状态制度解读》,《扬州大学学报(人文社会科学版)》2004 年第 3 期;曹康泰:《为确立紧急状态制度提供宪法依据》,《中国人大》2004 年第 12 期。

⑧ 参见杨启泉、王希龙:《建立社会保障制度的宪法依据》,《四川日报》2004 年 9 月 13 日。

⑨ 参见王宇、张艳:《知情权的宪法依据及其在我国的初步实践》,《理论观察》2004 年第 6 期;徐瑶:《知情权与政府信息公开制度的宪法依据》,《湖北警官学院学报》2013 年第 11 期。

⑩ 参见孙涛:《监狱检查罪犯通信应有宪法依据》,《人民检察》2005 年第 1 期。

⑪ 参见黄建水:《论行政许可听证制度的法理基础和宪法依据》,《行政与法(吉林省行政学院学报)》2005 年第 1 期。

⑫ 参见莫纪宏:《如何看待物权法的宪法依据》,《检察日报》2005 年 8 月 22 日;高飞:《也谈物权法平等保护财产权的宪法依据——与童之伟教授商榷》,《法学》2006 年第 10 期;梁慧星:《不宜规定"根据宪法,制定本法"》,《社会科学报》2006 年 11 月 16 日;童之伟:《立法"根据宪法"无可非议——评"全国人大立法不宜根据宪法说"》,《中国法学》2007 年第 1 期;苗连营、程雪阳:《"民法帝国主义"的虚幻与宪法学的迷思——第三只眼看"根据宪法,制定本法"的争论》,《四川大学学报(哲学社会科学版)》2008 年第 2 期;叶海波:《"根据宪法,制定本法"的规范内涵》,《法学家》2013 年第 5 期。

⑬ 参见岳逸飞、王慰:《论行政处罚法设定公民权利的宪法依据》,《四川职业技术学院学报》2006 年第 1 期;参见陈珺珺、陈梅:《论行政处罚法设定公民基本权利的宪法依据》,《福建行政学院福建经济管理干部学院学报》2007 年第 1 期。

"国家征收征用制度"①、"刑事诉讼法"②、"违宪审查制度"③、"反就业歧视立法"④、"弹劾权制度"⑤、"法官释明制度"⑥、"行政诉讼制度"⑦、"条约批准制度"⑧、"临终关怀制度"⑨、"环境税"⑩、"香港基本法"⑪、"协商民主制度"⑫。也有个别学者超出前述研究范式,从"国际比较"⑬与"纯粹立法技术"⑭的视角进行了较有新意的研究。

　　上述研究之样本的选择不可谓不多,视角也不可谓不周全,然"宪法依据"的内在逻辑问题真正地得到解决了吗? 恐怕未必。就理论研究而言,前述以"物权法"为样本之论战至少表明了宪法学界与民法学界就"根据宪法,制定本法"之对立,而宪法学界自身就"根据宪法,制定本法"这样的"合

①　参见黄建水:《国家征收征用补偿制度的宪法依据和理论基础探析》,《学习论坛》2006 年第 5 期。
②　参见李微:《以宪法为根据创新务实地修改刑诉法》,《检察日报》2006 年 9 月 4 日。
③　参见李光禄、王茂庆:《违宪审查机构的性质和地位——以宪法的性质为根据》,《法学论坛》2006 年第 6 期。
④　参见归永吉:《浅析"反就业歧视条款"的宪法依据》,《法制与经济(下半月)》2007 年第 10 期。
⑤　参见黄建水、陈小杰:《弹劾权的理论基础和宪法依据探析》,《周口师范学院学报》2007 年第 6 期。
⑥　参见王春永:《试论法官释明权的宪法依据》,《江西青年职业学院学报》2008 年第 3 期。
⑦　参见马立群:《行政诉讼制度宪法依据质疑》,载胡建淼主编:《公法研究(第十一辑)》,浙江大学出版社 2012 年版,第 301—316 页。
⑧　参见沈子华:《我国条约批准的运作机制——以〈宪法〉和〈缔结条约程序法〉的规定为依据》,《国家行政学院学报》2012 年第 3 期。
⑨　参见尤金亮:《"临终关怀"的法律之维——法理基础、宪法依据与实体法规制》,《法学论坛》2012 年第 4 期。
⑩　参见张学博:《环境税的宪法依据——兼论巴西环境税》,《郑州航空工业管理学院学报》2013 年第 4 期。
⑪　参见叶海波:《"根据宪法,制定本法"的规范内涵》,《法学家》2013 年第 5 期。
⑫　参见肖北庚、刘铠:《中国协商民主:宪法依据与制度实践》,《湘潭大学学报(哲学社会科学版)》2013 年第 6 期。
⑬　参见李毅易:《试析日本国家赔偿制度的宪法根据》,《中外法学》1990 年第 6 期。
⑭　参见胡峻:《"根据宪法,制定本法"作为立法技术的运用》,《法治研究》2009 年第 7 期。

宪性"自我宣示是否正当也是存疑的,当下颇为热门的"合宪性推定"①之研究就是一种反映。就实务研究而言,"根据宪法,制定本法"并未进入我国宪法典以下第一具体化位阶之法律的所有文本,甚至专门规制我国立法活动的《中华人民共和国立法法》也并未就此作明确规定,第 3 条之"立法应当遵循宪法的基本原则"也仅仅是表达立法的原则,而非立法法本身的立法宗旨。在各类立法文本没有规定"根据宪法,制定本法",也未明确宣示其"非根据宪法,制定本法"或"根据(宪法以外的)××法,制定本法"的情形下,学者们更多地推定其在事实上是"根据宪法,制定该法",一厢情愿地为各类立法或制度积极地找寻其宪法依据。问题究竟出在哪里? 选择样本就"宪法依据"这样一个理论问题进行实证、微观研究,其不可谓不符合"社会科学认识和社会政策认识的'客观性'"②,方法论既然是可取的,则问题当出自研究内容本身。"宪法依据"问题在本质上可分为三个问题:其一,立法依据宪法的原因,即立法为什么要依据宪法? 其二,具体立法的相应宪法依据,即立法依据宪法的什么? 其三,相应宪法依据于具体立法的适用,即根据宪法如何科学地立法?

　　学界就第一个问题基本上形成了较为一致的研究结论,即立法依据宪法的原因在于宪法的根本法属性。凯尔森在其"法律秩序的基础规范"阐述中早已言明"法律从宪法中取得其效力,因为它是由主管机关按照宪法所规定的方式制定的"③,立法作为一般规范之所以有效,源自它依据一部宪法而被创立。基于此,相关研究大致从宪法价值与宪法规范两个层面所显现的根本法属性展开。其一,就宪法价值层面的根本法属性而言。如"基本权保障和个人自由作为新的内涵被逐渐注入根本法思想"④。"保障基本权和个人自由"堪称立宪活动所要追求实现的道德准则,立宪主体通

① 参见韩大元:《论宪法解释程序中的合宪性推定原则》,《政法论坛》2003 年第 2 期;韩大元:《论合宪性推定原则》,《山西大学学报(哲学社会科学版)》2004 年第 3 期;王书成:《合宪性推定论:一种宪法方法》,清华大学出版社 2011 年版。
② 参见[德]马克斯·韦伯:《社会科学方法论》,李秋零、田薇译,中国人民大学出版社 1999 年版,第 1—49 页。
③ [奥]凯尔森:《法与国家的一般理论》,沈宗灵译,中国大百科全书出版社 1996 年版,第 130 页。
④ 参见郑贤君:《作为根本法的宪法:何谓根本》,《中国法学》2007 年第 4 期。

过立宪活动欲实现的需要和利益的满足往往围绕该道德准则而展开,故而"保障基本权和个人自由"注入根本法思想当是宪法在价值层面呈现的根本法属性。欲显现宪法在价值层面的根本法属性,则意味着法律必须与宪法"保障基本权和个人自由"的价值取向相协调,进而根据宪法价值科学地立法。其二,就宪法规范层面的根本法属性而言。如"即使其他法律有宪法上的立法依据,但其内容和精神也不得与宪法的精神、原则和规范相抵触,否则无效或部分无效"①,这是宪法规范在效力上应呈现的根本法属性发挥作用的结果,立法必须依据宪法且不得与宪法规范相抵触。又如"宪法规定的内容是国家的根本问题,宪法多采用原则性和纲领性的方式规定国家有关根本问题,其他法律则以较为具体的方式规定有关内容"②,这是宪法规范在规定的内容上应呈现的根本法属性发挥作用的结果,立法必须以宪法规范所规定的相关原则性和纲领性内容为线索探究其具体内容之设计,并实现具体法律规范之完善。

但是,上述这般立足于宪法方面的研究仅是单向度的研究,解决"立法为什么要依据宪法"问题应从宪法与立法两个方面双向度地展开。宪法的根本法属性当然地决定了"立法要依据宪法",但"立法有否依据宪法"该如何判定呢? 判断标准的设定更应从立法方面来寻找答案。立法往往显现于应然与实然两个层面,"法的应然是指法应当是什么,法的实然是指法实际是什么。前者是法的理想状态,后者是法的现实状态"。③ 进行立法的应然与实然之比较,而分析立法存在的不足是触发"宪法依据"问题后续两个方面研究的先决条件,相应宪法依据在立法中的模糊存在往往是造就不足的重要原因。学界就这方面的研究虽通过前述若干样本的分析而有所涉及,但往往寥寥数语一笔带过,缺乏基于立法学视角的系统、深入探索,使得对"立法依据宪法的什么"和"根据宪法如何科学地立法"两个问题的研究流于文本形式或简单的理论叠加。故重拾"宪法依据"问题进行全面梳理实属必要。

---

① 刘茂林:《中国宪法导论》,北京大学出版社 2009 年版,第 12 页。
② 刘茂林:《中国宪法导论》,北京大学出版社 2009 年版,第 11 页。
③ 李步云:《法的应然与实然》,《法学研究》1997 年第 5 期。

（二）样本选择问题

选择样本就"宪法依据"问题进行实证、微观研究，作为一种可行的并得到检验的"马克思主义宪法学的研究方法、无特定性状况的宪法学普通方法"①可以继续应用。接下来的问题就是样本的选择了。前述林林总总已被选择的样本当然可以再次选择，但是其能否支撑欲进行的全面研究呢？过于微观、凸显其特殊性的如"环境税"、"临终关怀制度"、"法官释明制度"、"反邪教制度"、"反就业歧视立法"之类的样本能否达到合格样本的典型性、示范性、普遍性要求呢？过于宏观的如"民主与法制"、"物权法"等样本固然符合典型性、示范性、普遍性要求，然其能否提供必需的理论研究空间？老树新花未必会经常发生。故而，所选择之样本应一方面符合典型性、示范性、普遍性要求，另一方面在理论研究上应存在一定的空白且自身作为一个问题有研究的必要。如"通信制度"、"协商民主制度"等样本即符合这两方面的要求。

然而，"我国土地整理立法"最终另辟蹊径地成为了全面研究"宪法依据"问题的样本选择。除基于学术兴趣的原因外，更多地因为选择该样本能对解决我国宪法典中土地制度规范存在的问题发挥典型性、示范性作用。立足于宪法价值、宪法规范厘清我国土地整理立法的宪法依据，可以很好地解决"宪法土地制度规范的模糊化、非确定化及冲突化"②等问题；根据宪法科学地构建我国土地整理立法而增进我国土地整理的效益与法治化水平，可以为改变"突破宪法以违宪的方式实现土地制度变革"③的传统路径提供解决问题的新"范式"。此外，土地整理及其立法并非我国独有现象，其作为一类世界范围的社会科学、自然科学交集之普遍性命题存在着可资借鉴的参照系，这进一步强化了完成本研究的必要性与可行性。经文献检索，我国学界目前无人从宪法角度研究土地整理立法，更勿论以"我国土地整理

---

① 参见林来梵：《从宪法规范到规范宪法——规范宪法学的一种前言》，法律出版社2001年版，第29页。

② 参见杨天波、江国华：《宪法中土地制度的历史变迁（1949—2010）——基于宪法文本的分析》，《时代法学》2011年第1期。

③ 参见杨天波、江国华：《宪法中土地制度的历史变迁（1949—2010）——基于宪法文本的分析》，《时代法学》2011年第1期。

立法"为样本研究"宪法依据"问题了,则该理论研究空间与创新性也是显而易见的。

(三)"我国土地整理立法"问题

样本选择问题已然解决,接下来需要就"我国土地整理立法"的真实性与作为一个问题的研究必要性进行断定。"我国土地整理立法"作为一类独立部门法虽仅是一种可能,但就其作用之行为、关系及固化行为、关系的规范载体而言却是客观真实存在的,后面将从应然、实然两个层面进行详细阐释。这里主要分析其作为一个问题的研究必要性。

土地整理是一种以增加有效耕地面积、提高土地利用率和产出率、改善农业生产条件和农村生态环境为目的,最大限度地、最大可能地、全方位地以各种合法方式对土地资源进行重新配置的土地整治活动。"根据有关文献资料的记载,'土地整理'一词在国外最早问世于德国、法国和俄国等欧洲国家。"①发展至今以德国、俄罗斯、荷兰、日本和我国台湾地区最具代表性,实施土地整理的措施已日益强化为国家措施。"对土地产权、土地开发和土地整理相关立法实现修改或创新是推动土地整理有效运营的必要前提。"②1953年德国颁布了第一部《土地整理法》,并于1976年、2008年两次修订。俄罗斯继承苏联的土地整理政策于1993年颁布了《土地基本法》,以之为核心而构建了一套比较完整的土地整理制度体系。1954年荷兰颁布了《荷兰土地整理条例》,日本颁布了《土地区划整理法》。我国台湾地区1979年和1980年颁布了《市地重划实施办法》和《农地重划条例》。这些典型国家和地区在相对完备的土地整理立法指引下,实现了对土地整理活动的充分法律规制,为其土地资源的科学保护与可持续性发展提供了有力支撑。

我国现代意义的土地整理实践始于20世纪50年代从苏联引入。"土地整理真正作为土地开发、利用、整治和保护的重要手段得以实施还是在建

---

① 严金明、钟金发、池国仁:《土地整理》,经济管理出版社1998年版,第1页。
② Rafael Crecente and Carlos Alvarez and Urbano Fra, "Economic, Social and Environmental Impact of Land Consolidation in Galicia", *Land Use Policy*, no.19(2002), pp. 135-147.

国初期。"①至今形成了"平原'田、水、路、林、村'综合整理,丘陵山区'山、林、田、水、村'综合整理和单项土地整理"②三种典型的一般作业模式。近年来土地整理在我国被积极推进。"从 2001 年至 2008 年,我国共进行土地整理面积 298.73 万公顷,其中增加农用地 78.22 万公顷、增加耕地 57.12万公顷。"③土地整理资金国家投入主渠道被基本确立。"据测算,目前全国四类土地开发整理专项资金投入每年达到 1000 亿元人民币。"④"《全国土地整治规划(2011—2015)》"⑤明确提出了规划期内要通过土地整理补充耕地 131.7 万公顷的目标。

　　就土地整理立法而言,我国在高位阶原则性立法和低位阶专门性、实施性立法上皆已初具规模。法律、行政法规中无土地整理的专门立法,但在《中华人民共和国土地管理法》第 38 条、第 39 条、第 40 条、第 41 条,《中华人民共和国水土保持法》第 34 条,《中华人民共和国农村土地承包法》第 44条、第 46 条,《中华人民共和国土地管理法实施条例》第 17 条、第 18 条,《大中型水利水电工程建设征地补偿和移民安置条例》第 25 条等立法中存在着相关原则性规定。其中,《中华人民共和国土地管理法》第 41 条第 1款将土地整理定位在农村范围内,强调"按土地利用总体规划,对田、水、路、林、村综合整治,提高耕地质量,增加有效耕地面积,改善农村生产条件和生态环境"。部门规章中有 20 余部土地整理的单行立法,就项目资金管理、项目实施管理、规划管理、权属管理等予以专门性、实施性规定。地方立法中有 2 部地方性法规、4 部地方政府规章设定了相关实施细则。

　　但上述立法碎片化趋向较为明显,缺乏高位阶立法的系统化规定,和规制另一类土地整治活动之损毁土地复垦的《土地复垦条例》相比尤为显现。

---

① 李卫祥:《农村土地整理》,中国社会出版社 2008 年版,第 6 页。

② 付梅臣、王金满、王广军:《土地整理与复垦》,地质出版社 2007 年版,第 11 页。

③ 中华人民共和国国土资源部:《中国国土资源统计年鉴》,地质出版社 2009 年版,第129 页。

④ 高世昌、王长江:《中国土地开发整理监管工作回顾与展望》,《资源与产业》2009 年第 4 期。

⑤ 中华人民共和国国土资源部网:《全国土地整治规划(2011—2015)》,2012 年 7 月26 日,见 http://www.mlr.gov.cn/sy_2633/gd1/201207/P020120702604393721984.doc。

"立法的碎片化,或者说非体系化倾向,将使得我国不能够为法律学习和法律适用提供和谐统一的立法资源的情形日渐趋于固定。"①"法的系统化不仅是某一部法的系统化,而且是法与法、法的不同形式、过去的法和今天的法之间的系统化。"②具体而言,如仅明确了土地整理的组织者但没有明确土地整理的产权主体、投资主体、监管主体以及各类主体间的权利义务关系;仅象征性地提出了"开发未作任何利用的土地和整理正作农业利用中的土地利用率和产出率偏低的耕地"这样的较宏观整理目标,缺乏针对性和可操作性;仅就土地整理法律责任作出了零散的规定,难以实现对土地整理违法行为的专门、充分规制。虽然近年来个别地方立法设定了有关土地整理的实施细则,如 2006 年《湖南省土地开发整理条例》、2008 年《天津市土地开发整理管理规定》,但相关规定往往被冠以"开发整理"之名,在实践中有重开发、轻整理之嫌,更注重耕地数量的增加与保有,而不是耕地质量的提升。土地整理却是一项长期复杂的工作,一般一个中型项目需要十年左右的时间,相比土地开发所耗费时间要更长,这导致不少地方政府职能部门在土地整理中强调开发而追求近期政绩与效益,忽视了整体可持续性的公共利益。且相关规定几乎没有涉及政府以外其他利益相关者的权利义务与行为准则,使该活动几乎完全沦为政府单方行为,公民、社会组织的参与难以体现。故有必要总结我国土地整理及相关立法的实践经验,借鉴可为参照系的典型国家和地区土地整理立法工作的精华,尝试构建一套以单行土地整理法典为核心辅以相关配套法规的系统化土地整理部门法体系。因此"我国土地整理立法"作为一个问题进行全面研究是有必要的。

二、研究的主要内容

以"我国土地整理立法"为样本就"宪法依据"问题进行研究,应依循对"立法为什么要依据宪法"、"立法依据宪法的什么"、"根据宪法如何科学地

---

① 孙宪忠:《防止立法碎片化、尽快出台民法典》,《中国政法大学学报》2013 年第 1 期。
② 蒋德海:《立法与法的系统化》,《检察日报》2005 年 9 月 5 日。

立法"三个问题的逐次解答而展开,则本书分别以"我国土地整理立法有否依据宪法之判定"、"我国土地整理立法的宪法依据之界定"、"宪法依据于我国土地整理立法之适用"三章作相应研究。

（一）"我国土地整理立法有否依据宪法之判定"的主要内容

这部分的研究实质是前述学界已成通说的"立法依据宪法的原因在于宪法的根本法属性"之补正。"宪法的根本法属性"是从宪法方面分析的"立法依据宪法的原因",而"我国土地整理立法有否依据宪法之判定"则是从立法方面分析的"立法依据宪法的原因"。就前者本书不再赘述,这里主要基于立法学的视角,通过我国土地整理立法的应然与实然之比较,探究其于实然层面存在的不足,判定我国土地整理立法并未依据宪法而科学地确立,有必要厘清其宪法依据,进而根据宪法科学地构建我国土地整理立法并推动其完善。最终通过对"我国土地整理立法"这一样本的研究,就"立法有否依据宪法"之判定乃至"立法为什么要依据宪法"确立基本研究"范式"。

立法所指是存在着两层涵义的,分析我国土地整理立法需先围绕"立法"的概念而有所限定。《牛津法律大辞典》将"立法"解释为:"通过具有特别法律制度赋予的有效地公布法律的权力和权威的人或机构的意志制定或修改法律的过程。这一词亦指在立法过程中所产生的结果,即所制定的法律本身。在这一意义上,相当于制定法。"①"从立法的活动或过程讲,立法与法的创制同义。关于法律本身的立法的概念,是指立法活动所产生的规范性文件这一结果。"②基于前述"尝试构建一套系统化土地整理部门法体系"之制度建构目的,则采"法律本身"意义而予以限定,土地整理立法即指有关土地整理之立法活动所产生的规范性文件这一结果。分析我国土地整理立法的应然与实然,也就是分析我国土地整理规范性文件"应当是什么"和"实际是什么"。"法的实然状态与应然状态的主要内容,可以归结为

---

① ［英］戴维·M.沃克:《牛津法律大辞典》,北京社会与科技发展研究所译,光明日报出版社 1988 年版,第 547 页。

② 朱力宇、张曙光:《立法学》,中国人民大学出版社 2006 年版,第 20 页。

三个基本的方面,即事物的道德准则与价值取向、事物的规律、事物的性质。这三个方面的伦理性、规律性、特性则通过法的精神、形式、内容三个领域而呈现出来。"①立法作为法的下位概念,法的精神、形式、内容三个领域在立法中即表现为立法价值、立法体制、立法内容。我国土地整理立法是立法的下位概念,则我国土地整理立法的应然与实然之主要内容也可归结为立法价值、立法体制、立法内容,比较应然与实然所解析的我国土地整理立法之不足即存在于这三个方面,就"立法依据宪法的什么"与"根据宪法如何科学地立法"两方面问题进行研究也应依循这三个基本维度而展开。

(二)"我国土地整理立法的宪法依据之界定"的主要内容

这部分的研究是基于我国土地整理立法并未依据宪法而科学地确立之判定所展开的。立足于该样本在立法价值、立法体制、立法内容方面存在的不足,分别界定其在价值、体制、内容方面的相应宪法依据,进而为实现"根据宪法科学地构建我国土地整理立法并推动其完善"提供必备的逻辑前提。最终通过对"我国土地整理立法"这一样本的研究,就"立法依据宪法的什么"确立基本研究"范式"。

1. 我国土地整理立法价值的宪法依据

解读我国土地整理立法价值的宪法依据,即是要运用价值分析方法来探寻土地整理立法价值应契合之宪法价值,这是宪法在价值层面的根本法属性欲发挥作用的应有之义。对宪法价值的分析可运用功利主义的价值分析方法,从目的性价值和道德性价值两方面展开。边沁主张以"最大多数人的最大幸福"为立法的价值取向,"所有利益有关的人的最大幸福是人类行动的唯一正确适当并普遍期望的目的"。② "一切法律所具有或通常应具有的一般目的是增长社会幸福的总和,具体的目的有四个,即生存、平等、富裕和安全。"③边沁的论断实际是从三个方面对法的价值予以界定:动机—目标—价值。"生存、平等、富裕和安全"是人基于本能欲望对理想共同体

---

① 参见李步云:《法的应然与实然》,《法学研究》1997 年第 5 期。
② [英]杰里米·边沁:《道德与立法原理导论》,时殷弘译,商务印书馆 2000 年版,第 57 页。
③ 严存生:《西方法律思想史》,法律出版社 2004 年版,第 254 页。

生活的较低层面需求，是动机；"增长社会幸福的总和"是人在本能欲望基础上具有一定理性色彩的需求表述，是目标；"所有利益有关的人的最大幸福"是超越本能欲望就理想共同体生活的道德指引，是价值。前两者是浅层次目的性价值的二元表述，可通过数量来计算的主体需要和利益。后者堪称深层次道德性价值的精辟箴言，不能简单以数量来计算。目的性价值是分析道德性价值的基础，道德性价值是分析目的性价值的动因和归结。

对目的性价值的分析应以宪法这一法现象所蕴含之目的属性为对象而从价值目标与价值关系两方面展开，既要厘清具体目的也要探究实现具体目的之基本依托。"价值判断在法律制度中所起的主要作用在于它们被整合进了作为审判客观渊源的宪法规定、法规以及其他种类的规范之中。法官们在解释这些渊源时，往往必须弄清它们得以颁布与认可所赖以为基的目的和价值论方面的考虑。"①"想要借规范来规整特定生活领域的立法者，他通常受规整的企图、正义或合目的性考量的指引，它们最终又以评价为基础。这两种情形均非单纯地'适用'规范，毋宁在从事——须符合规范或准则意旨的——价值判断。"②分析不同法现象蕴含之"赖以为基的目的"与"合目的性考量"就是找出该法现象试图实现的特定"社会幸福"，进而探究这类"社会幸福"明确所指之社会关系调整和社会主体间权利义务分配所依循的道德性价值。

对道德性价值的分析应以宪法这一法现象所蕴含之道德性观念与标准属性为对象而从价值要素与价值要素的渊源两方面展开，既要厘清具体道德性观念与标准，也要探究产生具体道德性观念与标准的根源和基础。"正义"这样的道德性观念与标准应成为价值分析的重要指标，但也不应局限于此。边沁所述"所有利益有关的人"意味着"社会幸福"的享有者在数量上应尽可能地扩张，所能实现的"正义"也应从程序上的相对正义向实体上的绝对正义不断接近；"最大幸福"则体现出对效率的追求，要实现效率需从社会秩序和主体自身两方面入手，外在社会秩序提供实现的环境，主体

---

① ［美］E.博登海默：《法理学：法律哲学与法律方法》，邓正来译，中国政法大学出版社 2004 年版，第 528 页。

② ［德］卡尔·拉伦茨：《法学方法论》，陈爱娥译，商务印书馆 2003 年版，第 94—95 页。

自身最大效益意味着实现的结果。当然空洞的理论考究是不会带来"社会幸福增长"的,"应当把评价理解为对一个可以由我们的行动影响的现象是应予指责的还是值得赞许的所作出的实践评价。"①因此更应结合包括宪法在内的法现象之实然状况,立足于具体的运行现实而分析其道德性价值。

2. 我国土地整理立法体制的宪法依据

解读我国土地整理立法体制的宪法依据,即是要运用规范实证分析方法来探寻土地整理立法体制应依循之宪法规范,这是宪法在规范效力层面的根本法属性欲发挥作用的应有之义。立法体制问题属于宪法典规定的国家根本问题之一,故而我国土地整理立法的立法体制必须依据宪法典且不得与宪法典有关规定相抵触。但宪法典有关规定较为原则化、纲领化,是通过"作为宪法性法律的《中华人民共和国立法法》"②来实现具体化的。因此我国土地整理立法体制的宪法依据可从宪法典延伸至立法法,其"宪法依据"中的"宪法"应扩张至以"宪法规范"③为评判标准的相对广义范围。

但是学界就根据立法法进行的分析属于宪法分析是存在争议的,即宪法性法律是否属于宪法? 宪法应否扩张至相对广义范围? 部分学者严格恪守成文宪法和不成文宪法的边界,基于成文宪法传统将我国的宪法渊源限定为宪法典及宪法修正案而不包括宪法性法律。如"我国作为成文宪法国家,在'成文宪法体制'下寻找'不成文宪法渊源'本身是一个逻辑矛盾";④"我国的宪法渊源基本上就是现行宪法典和历次宪法修正案";⑤"在我国宪法语境中不宜使用'不成文宪法'的概念⑥。"不过,更多的学者认为我国

---

① 〔德〕马克斯·韦伯:《社会科学方法论》,李秋零、田薇译,中国人民大学出版社1999年版,第111页。
② 马岭:《宪法性法律的性质界定》,《法律科学(西北政法学院学报)》2005年第1期。
③ 参见林来梵:《从宪法规范到规范宪法——规范宪法学的一种前言》,法律出版社2001年版,第1页;肖泽晟:《宪法学——关于人权保障与权力控制的学说》,科学出版社2003年版,第100—101页;刘茂林:《中国宪法导论》,北京大学出版社2009年版,第24页。
④ 周永坤:《不成文宪法研究的几个问题》,《法学》2011年第3期。
⑤ 参见姚岳绒:《关于中国宪法渊源的再认识》,《法学》2010年第9期。
⑥ 姚岳绒:《中国宪法语境中不宜使用"不成文宪法"——评周永坤教授的相关论述》,《法学》2011年第6期。

的宪法渊源还应包括宪法性法律。如"我国宪法的形式渊源既包括宪法典、宪法修正案、宪法性法律、宪法判例、宪法惯例,还包括涉及有关宪法内容的行政法规、地方性法规、自治条例"。①"宪法的渊源研究宪法的表现形式即构成宪法的材料或形式。宪法典、宪法修正案、宪法性法律、宪法性文件、宪法惯例、宪法解释、条约和协议等七种都是我国的宪法渊源。"②"从宪法形式上(渊源上)看,宪法是由宪法典、宪法性法律和宪法惯例、判例等构成的结构体系。"③"作为宪法渊源中最主要的法律形式是作为成文宪法的宪法典。宪法性法律是宪法结构中不可缺少的要素。"④还有被称为学界通说的观点也将宪法性法律作为宪法渊源,如"宪法渊源包括:宪法典、宪法性法律、宪法惯例、宪法判例、宪法解释、国际条约"。⑤ 前一类将宪法性法律剔除于宪法渊源的观点稍显褊狭,这里还是采用后一类将宪法性法律纳入宪法渊源的观点。故而立足于宪法规范,在宪法典和立法法中探寻我国土地整理立法体制的宪法依据是可行的。

最广义的立法体制在"范畴"⑥上等于立法制度,但这样的理解并非其本源要义,更多的是我国学者对"立法体制"这一独具中国特色概念的差异化理解。"立法体制一词不是古老的概念,也不是外国人习惯使用的概念。它的使用是中国学者近些年来的一个创造,它是在经济体制、政治体制这些词汇大量使用的背景下产生的。"⑦最科学的分析应回归"体制"的语词含义而展开。"'体制'的语词含义告诉我们,体制涉及的是制度问题,但这种制度是关于格局、结构、规制、组织等问题的。也就是说,体制并不等于基本制度,而是对基本制度的具体的组织化、结构化。所以,'体制'主要涉及的

①　参见陶涛:《论宪法渊源》,《社会科学研究》2002 年第 2 期。
②　参见周伟:《论宪法的渊源》,《西南民族学院学报(哲学社会科学版)》1997 年第 1 期。
③　刘茂林:《论宪法结构的涵义与宪法规范的结构特点》,《法商研究》1995 年第 4 期。
④　刘明超:《宪法渊源、宪法典结构与宪法规范》,《新东方》2004 年第 3 期。
⑤　《宪法学》编写组:《马克思主义理论研究和建设工程重点教材·宪法学》,高等教育出版社、人民出版社 2011 年版,第 28—32 页。
⑥　参见张文显:《法哲学范畴研究(修订版)》,中国政法大学出版社 2001 年版,第 2 页。
⑦　周旺生:《立法论》,北京大学出版社 1994 年版,第 130 页。

是组织管理形式、组织管理机构的设置、组织管理权限的划分、组织管理的方式方法等问题。"①立法体制所涉及的就是有关立法的上述问题,即立法主体和立法权限问题。"立法主体和立法权限是构成立法体制的两个重要概念。"②厘清我国土地整理立法体制的宪法依据,可从立法主体、立法权限这两个方面展开。

3. 我国土地整理立法内容的宪法依据

解读我国土地整理立法内容的宪法依据,即是要运用规范实证分析方法来探寻土地整理立法内容应依循之宪法规范,这是宪法在规范内容层面的根本法属性欲发挥作用的应有之义。"宪法可以消极地决定法律必须不要某些内容。宪法也可以积极地规定未来法律的一定内容。"③作为法律之一的"土地整理立法"的内容当然地也应有宪法典所规定的相应原则性和纲领性依据。我国"各类宪法性法律"④皆未规定土地整理立法内容所涉问题,故而我国土地整理立法内容的宪法依据不必超出宪法典进行延伸,仅以存在于宪法典中的宪法规范为限。宪法典相关原则性和纲领性规定主要为自然资源条款(第9条)和土地制度条款(第10条),这两条大致从权属、利用、保护和权力谦抑四个方面予以了规定,则厘清我国土地整理立法内容的宪法依据可从这四个方面展开。

(三)"宪法依据于我国土地整理立法之适用"的主要内容

这部分的研究是基于我国土地整理立法的相应宪法依据所展开的。立足于该样本在立法价值、立法体制、立法内容方面的相应宪法依据,科学地构建我国土地整理立法,并弥补其在价值、体制、内容方面存在的不足,最终通过对"我国土地整理立法"这一样本的研究,就"根据宪法如何科学地立法"确立基本研究"范式"。

---

① 朱力宇、张曙光:《立法学》,中国人民大学出版社 2006 年版,第 132—133 页。

② 曹海晶:《中外立法制度比较》,商务印书馆 2004 年版,第 68 页。

③ [奥]凯尔森:《法与国家的一般理论》,沈宗灵译,中国大百科全书出版社 1996 年版,第 143 页。

④ 参见肖泽晟:《宪法学——关于人权保障与权力控制的学说》,科学出版社 2003 年版,第 58 页;刘茂林:《中国宪法导论》,北京大学出版社 2009 年版,第 40 页。

1.探寻契合于宪法价值的土地整理立法价值

从目的性价值和道德性价值两方面分析宪法价值的方法亦可适用于土地整理立法价值的分析。其一,宪法目的性价值包括宪法价值目标和宪法价值关系两方面内容,根据它所确立之土地整理立法目的性价值也应体现在这些方面。在宪法于价值层面应呈现之根本法属性的作用下,土地整理立法目的性价值应契合于宪法目的性价值。对土地整理立法目的性价值的分析,也应以土地整理立法这一法现象所蕴含之目的属性为对象,而从价值目标与价值关系两方面展开。其二,宪法道德性价值包括宪法价值要素和宪法价值要素的渊源两方面内容,根据它所确立之土地整理立法道德性价值也应体现在这些方面。在宪法于价值层面应呈现之根本法属性的作用下,土地整理立法道德性价值应契合于宪法道德性价值。对土地整理立法道德性价值的分析,也应以土地整理立法这一法现象所蕴含之道德性观念与标准属性为对象,而从价值要素与价值要素的渊源两方面展开。

2.根据宪法规范确立我国土地整理立法体制

我国土地整理立法体制应依循之宪法规范存在于宪法典和立法法中,各自就我国的立法体制问题从立法主体、立法权限两个方面作出明确规定。作为立法体制之下位概念的土地整理立法体制即指有关土地整理立法主体、立法权限的制度。在宪法于规范效力层面应呈现之根本法属性的作用下,土地整理立法主体、立法权限应与宪法典、立法法之立法主体、立法权限规定相一致,以根据该规定设定具体事项。

3.根据宪法规范确立我国土地整理立法内容

我国土地整理立法内容应依循之宪法规范存在于宪法典中,从权属、利用、保护和权力谦抑四个方面作出原则性、纲领性规定。土地整理立法内容即土地整理立法作为一类具独立体系部门法的结构要件中所包括的“法的内容”①要件或“规范性文件的内容”②要件,其包括规范性内容和非规范性内容。在宪法于规范内容层面应呈现之根本法属性的作用下,土地整理权属设置、立法原则、程序规范、资金规范、法律责任规范、农民参与规范应与

---

① 周旺生:《立法学》,法律出版社 2004 年版,第 334 页。

② 朱力宇、张曙光:《立法学》,中国人民大学出版社 2006 年版,第 256 页。

宪法典之权属、利用、保护和权力谦抑规定相协调,而基于宪法典相关原则性、纲领性规定,探究土地整理立法内容具体事项之设计,并实现土地整理法律规范之完善。

三、研究的主要方法

(一) 实证分析方法

本书以实证分析方法之应用为原则。就"宪法依据"这一理论性问题,联系我国土地整理立法之实际,以小见大探寻"宪法依据"三方面问题之解答路径。在具体应用上,则各有侧重。其一,就"立法为什么要依据宪法"问题,应用学界通说之"根本法"理论,仅于引言中作逻辑上的实证介入,使之产生关联即可而不予深究,避免机械重复常识性问题。其二,就"立法依据宪法的什么"问题,进行文本上的实证分析。立足于近年来学界有关论著与相关宪法规范之文本,进入我国土地整理相关立法之文本,实现对其应依据之宪法价值、宪法规范的厘清。其三,就"根据宪法如何科学地立法"问题,进行事实上的实证分析。立足于探明的宪法价值、宪法规范之宪法依据,结合我国土地整理立法存在的现实问题,就其所承载的法律规范进行设计并列明完善途径。特别就我国农民参与土地整理问题,通过具体的实证调研分析农民参与土地整理现状,在调研数据的基础上完成我国农民参与土地整理法律规范之完善。

(二) 比较分析方法

本书以比较分析方法之应用为常态。其一,基于学界论著观点的比较分析,当然囿于侧重点的不同而深浅不一,如宪法依据问题的比较分析、宪法渊源问题的比较分析、土地整理概念问题的比较分析、宪法价值问题的比较分析、立法主体问题的比较分析、立法权限问题的比较分析、权力谦抑主义问题的比较分析。其二,以德国土地整理法为参照系的国际比较分析,主要从土地整理程序规范与资金规范两方面探寻其可资我国借鉴之处。其三,以规范为核心的宪法典文本、立法法文本、土地整理相关立法文本的比较分析,解析存在于宪法典文本、立法法文本中的立法主体、立法权限规定,解析存在于宪法典文本中的权属、利用、保护和权力谦抑规定,解析存在于土地整理相关立法文本中的权属设置、立法原则、程序规范、资金规范、法律责任规范和农民参与规范。其四,以我国土地整理立法为对象的应然、实然比较分析,基于应然层面的土地整理法律行为、法律关系和法律规范之厘清,结合实然层面的我国土地整理立法概况解析其存在的不足。

（三） 形式逻辑分析方法、价值分析方法、规范实证分析方法

本书以形式逻辑分析方法、价值分析方法、规范实证分析方法之应用为特例。其一,形式逻辑分析方法主要应用于"宪法依据问题研究——以我国土地整理立法为例"、"应然层面的我国土地整理立法"的破题、立论上。就前者而言,首先断定"宪法依据"问题的真实存在与研究必要性,而后断定"我国土地整理立法"的真实性与作为一个问题的研究必要性,最终以"我国土地整理立法"为样本进入"宪法依据"问题的实证分析。就后者而言,首先厘清"我国土地整理立法"作为一个概念的内涵,而后推导出厘清土地整理法律行为、法律关系和法律规范是分析"我国土地整理立法"的基本要义。其二,价值分析方法主要应用于宪法价值、我国土地整理立法价值的研究上。"在法学研究中运用价值分析方法,对法律现象进行价值认知和评价是十分必要且有重大意义的。"[1]"价值分析是法学研究不可缺少的一种基本方法。"[2]基于功利主义理论将价值问题解析为目的性价值与道德性价值两个方面,将目的性价值细分为价值目标与价值关系,将道德性价值细分为价值要素与价值要素的渊源。其三,规范实证分析方法主要应用于我国土地整理立法体制、立法内容的相应宪法典、立法法文本之宪法规范依据的研究上。"对法律的规范实证可以在两个意义上展开:第一种意义是寻求法律规范的字面意义以及字面意义背后可能存在的隐含意义。第二种对法律的规范实证,是在第一种规范实证的基础之上,在法律知识的既有基础上,对法律进行精深加工,提升法律的规范命题,创造法律知识的学术基

---

① 张文显、姚建宗:《略论法学研究中的价值分析方法》,《法学评论》1991 年第 5 期。
② 李其瑞:《价值分析方法的法学意义》,《法律科学》1993 年第 4 期。

础和概念依据。"①应首先厘清相关立法主体、立法权限规定和相关权属、利用、保护和权力谦抑规定的字面意义与隐含意义,进而分析其生成的规范命题与理论指引。

① 谢晖:《论规范分析方法》,《中国法学》2009 年第 2 期。

第一章　我国土地整理立法有否 依据宪法之判定

"我国土地整理立法有否依据宪法之判定"是以"我国土地整理立法"为样本,从立法方面来解答"立法为什么要依据宪法"问题,而实现对以"宪法的根本法属性"从宪法方面解答该问题之补正。通过我国土地整理立法的应然与实然之比较,探究其实然层面在立法价值、立法体制、立法内容方面存在的不足,进而判定我国土地整理立法在立法价值、立法体制、立法内容上并未依据宪法而科学地确立。最终基于对该样本的研究,就"立法有否依据宪法"之判定乃至"立法为什么要依据宪法"确立基本研究"范式"。

第一节　应然层面的我国土地整理立法

分析我国土地整理立法的应然实际上是要回答我国土地整理规范性文件"应当是什么"问题,而就"理想状态"的我国土地整理规范性文件给出答案。但作为一种文本设计、一种制度建构,不同的主体基于不同的视角在不同的时间、空间下都可能产生各不相同的并以之为"最理想的答案"的答案。似乎一致"理想状态"的我国土地整理规范性文件难以界定,但若将该规范性文件本身作为一个概念、一种制度研究的理论基石则能找到一些共识性基本要素,研究应然层面的规范性文件应围绕这些基本要素而展开。

"我国土地整理立法"作为一个概念,在进行应然层面分析时,其内涵就是需探寻的共识性基本要素。可运用形式逻辑的方法来厘清"我国土地整理立法"作为一个概念的内涵。"概念是反映事物的特有属性(固有属性或本质属性)的思维形态。概念在反映事物的特有属性的同时,也就反映了具有这些特有属性的事物。概念的内涵,就是概念所反映的事物的特有属性。"①我国土地整理立法这一概念的内涵在于其特有属性,该特有属性往往通过构成基本要素及其相互关系而显现出来。规范性文件作为一种行为规则或行为标准的集合,其基本作用在于通过对行动或行为的限制"使人类为数众多、种类纷繁、各不相同的行为与关系达致某种合理程度的秩序"②。可见行为与关系是规范性文件的作用对象,规范性文件的价值、体制、内容皆需以之为目的而展开;规范(规则或标准)则是固化规范性文件之价值、体制、内容的载体,也是规范性文件作用于行为与关系的媒介。

我国土地整理立法作为一种调整我国土地整理活动的规范性文件,其作用对象是土地整理法律行为与土地整理法律关系,其价值、体制、内容皆需以之为目的而展开。土地整理法律规范则是土地整理立法价值、体制、内容的固化载体,也是规制相应法律行为、调整相应法律关系的具体依托。故而,完成我国土地整理立法应然与实然之比较的理论前提在于厘清相应法律行为、法律关系、法律规范,其也是从立法价值、立法体制、立法内容三个方面研究我国土地整理立法"宪法依据"问题的逻辑起点。

一、土地整理法律行为

土地整理法律行为是一种具体化、专门化的法律行为,兼具法律行为本身的普遍性与土地整理的特殊性;作为范畴是一个组合概念,"土地整理"是对"法律行为"的名定。"从 20 世纪 50 年代开始,我国的法学家、尤其是法理学家都是在广义上使用法律行为概念的,即把法律行为看作'有法律意义和法律属性的行为'。"③这样的行为往往以相关规范的构成性为必要条件,则也可被称为"制度性行为(institutional act)"④。如:"法律行为泛指

---

① 金岳霖:《形式逻辑》,人民出版社 2006 年版,第 18、22 页。
② [美]E.博登海默:《法理学:法律哲学与法律方法》,邓正来译,中国政法大学出版社 2004 年版,第 501 页。
③ 张文显:《法哲学范畴研究(修订版)》,中国政法大学出版社 2001 年版,第 67 页。
④ See John R. Searle, *Speech Acts*, Cambridge: Cambridge University Press, 1969, p.33.

各种法律调整的行为,包括合法行为和非法行为。"①"法律行为指根据当事人的意愿形成的,能够引起法律关系产生、变更和消灭的一种法律事实。法律行为形成须具备下列条件:首先,必须出于人们自愿的行为,包括作为和不作为;其次,必须是基于当事人的意思并且表现为外部举动,单纯心理上活动不产生法律上的后果;最后,必须为法律规范所确认,而发生法律效力的行为。从当事人的行为与法律的规定是否一致来看,法律行为有合法和违法行为之分。"②在此基础上,可将土地整理法律行为界定为:根据土地整理当事人的意愿形成的,由土地整理立法所调整的,能够引起土地整理法律关系产生、变更和消灭的各种行为。解析这些行为需以土地整理概念的厘清为前提。

（一）土地整理的概念

1.土地整理的不同内涵界定

土地整理在不同国家和地区表述不一,其内涵也不尽相同。德国、俄罗斯、荷兰称之为土地整理。在德国,"土地整理是指在土地整理官方机构的指导下,按照一定的程序,在地产主、公共利益代表和农业职工代表的共同参与下进行的一种经济活动"。③ 在俄罗斯,"土地整理是指为了实施有关土地法令和政府组织土地利用及保护土地的决议,创造良好的生态环境和改善自然景观的一系列措施体系。其土地整理的主要任务是调整土地关系,界定土地占有与使用,合理组织土地利用和土地资源管理,通过土地整理解决生态、经济和社会问题"。④ 在荷兰,"土地整理是依据规划目标,高效率地通过土地所有权和土地用途的变更程序实现规划目的的行为"。⑤法国称之为土地整治,"即指通过相应机构把分散的土地收买来以后,通过合并、整治、改良和规划,使土地达到标准经营面积"。⑥ 日本称之为土地区

---

① 《法学词典》编辑委员会:《法学词典(增订版)》,上海辞书出版社 1984 年版,第 617 页。

② 中国社会科学院法学研究所法律辞典编委会:《法律辞典(简明本)》,法律出版社 2004 年版,第 132 页。

③ 参见贾文涛、张中帆:《德国土地整理借鉴》,《资源·产业》2005 年第 2 期。

④ 参见严金明、钟金发、池国仁:《土地整理》,经济管理出版社 1998 年版,第 3 页。

⑤ 李卫祥:《农村土地整理》,中国社会出版社 2008 年版,第 3 页。

⑥ 参见万宝瑞、李建知、申和平:《法国的土地集中政策》,《农业技术经济》1986 年第 8 期。

画整理,"是指通过一系列精密的计算,得出项目实施前后各地块土地价值的增长,调整各地块大小及位置使其得到均等的获益率,并用部分投资收益来平衡基础设施的投入,以此达到建设、完善公共设施和提高宅地利用率的目的。其主要环节包括土地献出、地块重整和预留地三个方面的内容"。①韩国称之为土地调整,"是指根据利用基础设施建设能带来相邻地段地价增值的原理,对土地利用方式与土地收益进行调整的一种措施"。② 我国台湾地区称之为土地重划,"是指是将一定区域内经济效益不佳的农地加以重新规划整理,建立标准丘块,使每一块农地都十分方整,并通过土地交换分合,使农户原本分散的耕地集中,便于农业耕种及机械化操作"。③

　　我国现代意义的土地整理于1997年首次出现在规范性文件中,即《中共中央、国务院关于进一步加强土地管理切实保护耕地的通知》。该文件明确规定:"积极推进土地整理,搞好土地建设。各地要大力总结和推广土地整理的经验,按照土地利用总体规划的要求,通过对田、水、路、林、村进行综合整治,搞好土地建设,提高耕地质量,增加有效耕地面积,改善农业生产条件和环境。"而后,就土地整理概念最早的权威表述是1998年原国家土地局所作之界定,即"在一定区域内,按照土地利用规划或城市规划所确定的目标和用途,采取行政、经济、法律和工程技术手段,对土地利用状况进行综合整治、调整改造,以提高土地利用率,改善生产、生活条件和生态环境的过程。该定义可以理解为广义的土地整理,主要包括城市土地整理和农地整理"。④ 当前《中华人民共和国土地管理法》第41条则将土地整理限定于农村范围内,强调"按照土地利用总体规划,对田、水、路、林、村综合整治,提高耕地质量,增加有效耕地面积,改善农业生产条件和生态环境"。

　　学界就土地整理概念的研究主要有以下观点:"土地整理是根据法律

① 参见王珺:《日本的土地区画整理对中国合理用地的启示》,《北方经贸》2009年第9期。

② 参见王军、余莉、罗明、翟刚:《土地整理研究综述》,《地域研究与开发》2003年第2期。

③ 参见赴台土地重划研讨与考察团:《台湾地区在土地重划工作中的几点做法》,《资源·产业》2001年第10期。

④ 赵华璞:《土地整理及土地整理项目的相关研究综述》,《中国科技信息》2005年第22期。

规定,采取一定的法律手段,对土地利用方式、土地利用结构与土地利用关系进行重新规划与调整,以提高土地利用率,实现土地利用法定目标的一种法律措施。"①"农地整理是我国现阶段的重点,其科学的含义应是:在一定区域内,依据土地利用总体规划,采取行政、经济、法律和技术手段,对田、水、路、林、村等综合整治,调整土地关系,改善土地利用结构和生产、生活条件,增加可利用土地面积,提高土地利用率和产出率。"②"土地整理是人们为了一定目的,依据规划对土地进行调整、安排和整治的活动,即合理组织土地利用,理顺土地关系的一种活动。"③"土地整理是指在一定区域,按照土地利用总体规划,合理组织土地利用方式。对田、水、路、林、村等进行综合整治,增加有效耕地面积,改善农业生产条件与生态环境的措施。"④"土地整理可以理解为按照土地利用总体规划的要求,结合土地利用现状,采取行政、经济、工程、技术、法律等手段,通过对土地利用结构进行调整,对土地资源进行重新配置,以达到协调人地关系,提高土地利用效率,改善和保护生态环境,促进土地资源可持续利用与社会经济可持续发展的目的。"⑤"土地整理是指在一定的区域内,按照土地利用规划或城市规划所确定的目标和用途,采取行政、经济、法律和工程技术手段,对土地利用状况进行综合整治、调整改造以提高土地利用率,改善生产、生活条件和生态环境的过程。"⑥"土地整理是指在一定地域范围内,按照土地利用计划和土地利用总体规划的要求,采取一定的措施和手段,调整土地利用和社会经济关系,改善土地利用结构,科学规划,合理布局,综合开发利用,提高土地资源的利用率和产出率,增加可利用土地数量,确保经济、社会、环境三大效率的良性循环。"⑦"土地整理是指在一定区域内,按照一定的程序,采用行政、经济、法律和工程技术等手段,对土地利用不合理、不充分、混乱现象进行调整、改

①　姜爱林:《论土地整理的法律概念》,《国土经济》1997 年第 6 期。

②　姜爱林、姜志德:《论土地整理概念的科学界定》,《地域研究与开发》1998 年第 1 期。

③　严金明、钟金发、池国仁:《土地整理》,经济管理出版社 1998 年版,第 8 页。

④　郭洪泉:《我国农村土地整理的法律思考》,《中国土地科学》2001 年第 1 期。

⑤　高向军:《土地整理理论与实践》,地质出版社 2003 年版,第 7 页。

⑥　李卫祥:《我国土地整理实践综述》,《生产力研究》2004 年第 7 期。

⑦　李灿、罗海波:《土地整理研究进展综述》,《农村经济与科技》2008 年第 7 期。

造、理顺、综合整治的过程,以提高土地利用率和产出率,改善生产生活条件和生态环境,实现经济效益、社会效益和生态效益的协调统一。"①"土地整理一般指农地整理,是在一定区域内,依据土地利用总体规划,采取行政、经济、法律和技术的手段,对田、水、路、林、村的综合整治,通过工程和生物措施,改变地块零散、插花状况,改良土地,提高土地利用率和生产率,改善生态环境的综合措施。"②"土地整理是根据社会经济发展的需要,以调整土地利用关系,提高土地利用效率,改善和保护生态环境等为目标,对土地利用结构进行调整,对土地资源进行重新配置,对土地利用关系进行综合整治,以实现土地资源的合理配置,促进经济社会持续发展的活动。"③

从上述各种有关土地整理概念的表述可以看出,不同国家和地区国情之差异决定了其土地整理即便能找到某种共同之处,但也没有固定的模式和绝对的统一。土地整理往往依据当时的政策、目标具体开展,难有雷同。学者们各自研究方法与研究立场的不同,也导致其土地整理概念的观点各异。但各种观点就土地整理的概念也达成了一些共识,如都认为土地整理要有规划性、土地整理是合理组织土地利用的活动、土地整理是一项承载相关主体强烈主观目的和意志的活动、土地整理可分为城市土地整理和农村土地整理、农村土地整理是我国土地整理的重点问题等。总体而言,土地整理关涉多个学科、多个领域,既非单向的土地管理行为,也不是单一的土地经营、水土资源保护利用行为。土地整理事实上就是一种根据社会经济发展的需要,采取一定的手段,对土地利用方式、土地利用结构和土地利用关系进行重新规划与调整,以提高土地利用率和产出率,实现土地利用目标的综合性措施。

2. 土地整理的范畴

对土地整理的不同方面进行分析归类的结果就是土地整理的范畴。"有相当多的范畴即使在字面上完全一样,但它们所包容的思想及涵盖的社会实践内容却是不同的。"④基于所涵盖之社会实践内容的范围,可将土

---

① 郑拥军、孙鹏举:《土地整理研究综述》,《安徽农业科学》2009 年第 8 期。
② 卢新海、谷晓坤、李睿璞:《土地整理》,复旦大学出版社 2011 年版,第 2 页。
③ 郝建新、邓娇娇:《土地整理项目管理》,天津大学出版社 2011 年版,第 6 页。
④ 张文显:《法哲学范畴研究(修订版)》,中国政法大学出版社 2001 年版,第 4 页。

地整理的范畴分为广义、中义、狭义三个层面。其一,广义范畴。土地整理是指依据法律规定在一定区域内,按照土地利用总体规划,结合土地利用现状,调整土地利用方式、结构与关系,对土地资源进行重新配置以增加有效土地面积,提高土地利用率和产出率,改善生产条件和生态环境的活动。该范畴下的土地整理包括农村土地整理和城市土地整理。其二,中义范畴。土地整理是指依据法律规定在一定区域内,按照土地利用总体规划,结合土地利用现状,调整土地利用方式、结构与关系,对土地资源进行重新配置以增加有效耕地面积,提高土地利用率和产出率,改善农业生产条件和农村生态环境的活动。该范畴下的土地整理仅指农村土地整理,土地整理的对象既包括正作农业利用中的土地利用率和产出率偏低的耕地,也包括曾作农业利用但因各种自然或人为原因造成破坏、废弃的前耕地(现工矿业用地、宅基地等),还包括未作任何利用的土地。其三,狭义范畴。土地整理是指依据法律规定在一定农村区域内,按照农村土地利用总体规划,结合耕地利用现状,调整耕地利用方式、结构与关系,对耕地资源进行重新配置以增加有效耕地面积,提高土地利用率和产出率,改善农业生产条件和农村生态环境的活动。该范畴下的土地整理也仅指农村土地整理,但土地整理的对象则仅限于正作农业利用中的土地利用率和产出率偏低的耕地。

广义范畴下的土地整理所涵盖的社会实践内容最为丰富,包括两级概念。第一级概念即农村土地整理和城市土地整理。中义范畴下的土地整理即农村土地整理,其下的第二级概念包括:其一,针对"未作任何利用的土地"之土地开发,"土地开发是指对未利用过但具有利用潜力和开发价值的土地,采取工程或其他措施,对荒山、荒地、荒水和荒滩等改造为可供利用的土地"。[①] 其二,针对"曾作农业利用但因各种自然或人为原因造成破坏、废弃的前耕地"之土地复垦,"土地复垦是指对生产建设过程中挖损、塌陷、压占等造成的破坏而废弃的土地,采取一定措施,使其恢复可供利用的状态"。[②] 其三,针对"正作农业利用中的土地利用率和产出率偏低的耕地"

---

① 王秀茹、韩兴、朱国平、张超:《关于土地开发整理与生态环境问题的分析》,《水土保持研究》2004 年第 3 期。
② 王秀茹、韩兴、朱国平、张超:《关于土地开发整理与生态环境问题的分析》,《水土保持研究》2004 年第 3 期。

之狭义范畴下的土地整理。《中华人民共和国土地管理法》第 38 条、第 39 条、第 40 条、第 41 条、第 42 条就这三个第二级概念作出了明确规定,将土地整理的范畴界定为中义范畴。第 41 条又在此基础上进一步锁定了土地整理所涵盖的社会实践内容,可从语义出发被一般性地理解为:能"提高耕地质量"之狭义范畴下的土地整理、能"增加有效耕地面积"之土地开发与土地复垦。若依此定位,土地整理的概念当从土地整理的中义范畴出发而定义。即以增加有效耕地面积、提高土地利用率和产出率、改善农业生产条件和农村生态环境为最终目的,最大限度、最大可能、全方位地以各种合法方式实现之,将未利用地、前耕地、低效耕地皆纳入土地整理的对象。

但自 1989 年 1 月 1 日起施行的《土地复垦规定》到 2011 年 3 月 5 日颁布实施的《土地复垦条例》,皆就针对"曾作农业利用但因各种自然或人为原因造成破坏、废弃的前耕地"之土地复垦以行政法规形式作出了专门、特别、实施性规定。其他相关立法则多将狭义土地整理与土地开发合并单列规定,如《土地开发整理项目资金管理暂行办法》、《土地开发整理规划管理若干意见》、《国家投资土地开发整理项目竣工验收暂行办法》、《省级土地开发整理规划审批暂行办法》、《国家投资土地开发整理项目实施管理暂行办法》、《土地开发整理若干意见》、《湖南省土地开发整理条例》、《天津市土地开发整理管理规定》等,实践上土地开发与狭义范畴下的土地整理也往往作为"土地开发整理项目"结合进行。故而我国相关立法实践已经在事实上区分了土地复垦与土地开发整理,将之分别单列规定俨然成为一种立法习惯。因此就《中华人民共和国土地管理法》第 41 条之"增加有效耕地面积"当作限定性理解,仅指针对"未作任何利用的土地"之土地开发所增加的有效耕地面积。依此定位,我国土地整理的概念当从土地整理的中狭义范畴出发而定义。

综上所述,我国土地整理即是一种以"未作任何利用的土地"(未利用地)和"正作农业利用中的土地利用率和产出率偏低的耕地"(低效耕地)为对象,以增加有效耕地面积、提高土地利用率和产出率、改善农业生产条件和农村生态环境为目的,最大限度、最大可能、全方位地以各种合法方式对土地资源进行重新配置的土地整治活动。

（二）土地整理法律行为的具体内容

根据前述中狭义范畴下土地整理概念所厘清的行为对象,我国土地整理法律行为大致可分为两类:开发未利用地中的法律行为和整理低效耕地中的法律行为。其具体特征通过土地整理当事人引起土地整理法律关系产生、变更和消灭的各种行为而显现出来。土地整理当事人主要包括以各级国土资源行政部门为代表的国家机关,以各级土地整治中心或土地整理中心为代表的事业单位,以符合资质要求的施工单位、监理单位、财务资金审计单位和专业设计院或工程咨询公司为代表的社会组织,农村集体经济组织与农民。在实践中,土地整理当事人的各种行为往往围绕各类"土地开发整理项目"而展开,主要可概括为五种具体行为:"土地开发整理规划行为、土地开发整理项目管理行为、土地开发整理项目规划行为、土地开发整理工程设计行为、土地开发整理项目效益评价行为"①。

1. 土地开发整理规划行为

土地开发整理规划行为,"即指在土地利用总体规划的指导下,相应土地整理当事人在对一定区域内土地开发整理潜力调查分析的基础上,确定土地开发整理目标、区域、重点及项目的行为"。② 该行为属于一种土地利用专项规划行为,应与土地利用总体规划相衔接,需与其他农业、林业、水利、水土保持等相关部门规划相协调。行为过程大致分为准备、调查分析、拟定方案、协调论证、确定方案、规划评审六个环节。行为结果即完成土地开发整理规划,包括文本、说明、图样、附件四个部分。

2. 土地开发整理项目管理行为

土地开发整理项目管理行为,"即指相应土地整理当事人就土地开发整理项目全过程进行管理的行为"。③ 主要涉及可行性、规划设计、经费预算、实施、验收、权属六个方面。该行为当属土地整理法律行为的核心内容,往往决定了土地开发整理项目之成败,对土地整理法律关系能产生更直接、更实质的影响。

---

① 参见高向军:《土地整理理论与实践》,地质出版社 2003 年版,第 53、86、148、203、305 页。

② 参见高向军:《土地整理理论与实践》,地质出版社 2003 年版,第 53 页。

③ 参见高向军:《土地整理理论与实践》,地质出版社 2003 年版,第 86 页。

3. 土地开发整理项目规划行为

土地开发整理项目规划行为,"即指在土地利用总体规划和土地开发整理规划的指导下,相应土地整理当事人在实地调查、资料分析的基础上,合理安排项目区各类用地和工程布局,制定实施土地开发整理各项方案的行为"。① 其行为过程大致分为准备、分析与评价、提出规划方案、评价与确定规划方案、编制项目规划、审批与实施项目规划六个环节。行为类型主要包括:农田防护与灌排规划行为、土地平整与道路规划行为、土壤改良规划行为。行为结果主要包括:确定项目建设目标、确定土地利用方案、确定各类工程布局方案、确定土地权属调整方案、确定项目预算方案、确定项目建设期限、确定项目实施措施。

4. 土地开发整理工程设计行为

土地开发整理工程设计行为,"即指在土地开发整理项目规划的基础上,相应土地整理当事人根据规划的工程类型与特点就单体项目工程进行设计的行为"。② 该行为在土地整理法律行为中最具技术性、专业性和羁束性。行为中要求以技术人员的专业设计为核心,同时也更多地强调依据已有土地整理立法、项目可行性研究报告、项目规划、项目规划设计规范和相关行业的技术标准与规范而进行。工程设计行为主要涉及土地平整、灌排工程、农田防护、道路、电力、施工组织六个方面。

5. 土地开发整理项目效益评价行为

土地开发整理项目效益评价行为,"即指相应土地整理当事人对土地开发整理项目建设的经济效益、社会效益、环境效益等进行系统论证的行为"。③ 评价经济效益主要是考察土地开发整理项目的运营收益、清偿和贡献能力,进而评价项目的经济效益水准。评价社会效益主要考察土地开发整理项目对拉动内需、增加就业、促进社会和谐等相关社会因素的影响程度,进而评价项目的社会效益水准。评价环境效益主要是考察土地开发整理项目对生态环境的影响程度,进而评价项目的环境效益水准。

---

① 参见高向军:《土地整理理论与实践》,地质出版社2003年版,第148页。
② 参见高向军:《土地整理理论与实践》,地质出版社2003年版,第203页。
③ 参见高向军:《土地整理理论与实践》,地质出版社2003年版,第305页。

综上所述,根据所适用法律规范属性的不同,上述五种具体行为大致可归类为土地整理行政法律行为和土地整理民事法律行为。依据《中华人民共和国土地管理法》第3章的规定,土地利用总体规划是一种行政规划,该类规划包括土地开发整理规划这样的土地利用专项规划。故土地开发整理规划行为、项目管理行为皆属国家机关依据职权而实施的行政行为,均可归类于行政法律行为。土地开发整理项目规划行为、工程设计行为皆属平等主体间的民事行为,则可归类于民事法律行为。土地开发整理项目效益评价行为适用法律规范的属性随评价主体的不同而表现各异,若由行使管理权的国家机关来进行评价则归类于行政法律行为,若由非行使管理权的公民、社会组织来进行评价则归类于民事法律行为。两类法律行为在部门法的适用上各有所侧重,在具体领域中应遵循相应准则而予以规制。

二、土地整理法律关系

土地整理法律关系是一种具体化、专门化的法律关系,兼具法律关系本身的普遍性与土地整理的特殊性;作为范畴是一个组合概念,"土地整理"是对"法律关系"的名定。"法律关系指法律规范在调整人们行为过程中形成的权利和义务的关系。其构成要素:(1)权利主体;(2)权利与义务;(3)权利客体。"①"法律关系是法律规范在指引人们的社会行为、调整社会关系的过程中所形成的人们之间的权利和义务联系,是社会内容和法的形式的统一。"②"法律关系指法律所确认和调整的社会生活关系或法律主体之间基于一定的法律事实而形成的法律上的权利和义务关系。"③在此基础上,可将土地整理法律关系界定为:土地整理法律规范在规制、调整土地整理行为过程中形成的土地整理当事人之间的权利义务关系。

土地整理法律关系当然地具备法律关系所共有的"依法形成的社会关系、人际相互关系、权利和义务关系、社会内容和法的形式的统一、国家强制

---

① 《法学词典》编辑委员会:《法学词典(增订版)》,上海辞书出版社1984年版,第617页。

② 张文显:《法哲学范畴研究(修订版)》,中国政法大学出版社2001年版,第96页。

③ 中国社会科学院法学研究所法律辞典编委会:《法律辞典(简明本)》,法律出版社2004年版,第129页。

力保障、思想意志关系的属性"①这六个方面的普遍性特征。此外,也基于土地整理的自身特点而显其专业技术化、地域差异化、综合系统化这三个方面的独有特征。其一,专业技术化。即土地整理法律关系的构建与适用需依托于土地资源类学科专业知识,土地整理各环节都有较高技术性要求,相关数据收集、指标选取与量化、土地质量评价等皆需相应专业技术支撑。其二,地域差异化。即在土地整理目标、内容和方式的设定上,应根据项目区自然地理特征而有所区别,因地制宜地开展具体活动。其三,综合系统化。即土地整理活动在推动实现土地资源可持续性的过程中应与生态、经济、社会等其他相关要素之间实现相互协调。以土地为核心相关生态系统的保护与改善、国家粮食安全、国民经济的持续发展等其他相关要素皆关联土地资源可持续性的达致状况,应在保持土地整理工作系统及其他相关要素效益最优化的基础上实现彼此间的协调一致。土地整理法律关系的各类特征通过具体法律关系主体、内容而显现出来并表现各异。

(一)土地开发整理规划法律关系

土地开发整理规划法律关系即指在调整土地开发整理规划行为过程中形成的人与人之间的权利和义务关系。该类规划是一种行政规划,相应规划行为则是行政行为,相应规划法律关系当属于行政法律关系。

1. 土地开发整理规划法律关系的主体

土地开发整理规划法律关系的主体即土地开发整理规划法律关系中权利的享有者和义务的承担者,或享有权利并承担义务的人或组织。其恒定的一方行政主体是行使土地开发整理规划权的国家机关即各级国土资源行政部门,具体开展活动的是各级国土资源行政部门下设的事业单位(特殊社会组织)——土地整治中心(前身为土地整理中心)。另一方则是有关行政相对人,即基于该类规划参加土地整理活动的公民、社会组织。

2. 土地开发整理规划法律关系的内容

土地开发整理规划法律关系的内容即各主体在土地开发整理规划行为过程中的权利和义务。有关国家机关的权利主要是制定该类规划的权利;

---

① 参见张文显:《法哲学范畴研究(修订版)》,中国政法大学出版社 2001 年版,第96—98 页。

其义务主要是确保所完成该类规划的合法性、科学性、公开性,并给有关的行政相对人提供参与土地开发整理规划的空间。有关行政相对人的权利主要是土地开发整理规划的知情权与参与权;其义务主要是服从已生效的该类规划。

（二）土地开发整理项目管理法律关系

土地开发整理项目管理法律关系即指在调整土地开发整理项目管理行为过程中形成的人与人之间的权利和义务关系。该类管理行为是一种典型的行政行为,相应管理法律关系当属于行政法律关系。

1.土地开发整理项目管理法律关系的主体

土地开发整理项目管理法律关系的主体即土地开发整理项目管理法律关系中权利的享有者和义务的承担者,或享有权利并承担义务的人或组织。其恒定的一方行政主体是行使土地开发整理项目管理权的国家机关。另一方则是与土地开发整理项目管理有关的行政相对人,即参加土地开发整理项目运营的公民、社会组织。

随管理对象的不同,具体行政主体、行政相对人也有所区别。在项目可行性管理中,行政主体是国土资源部,但由国土资源部土地整治中心具体进行项目可行性研究评估,行政相对人是项目可行性研究委托单位(地方各级国土资源行政部门)和承担项目可行性研究的社会组织(专业设计院或工程咨询公司)。在项目规划设计管理中,行政主体是国土资源部,但由国土资源部土地整治中心具体进行项目规划设计审查,行政相对人是项目承担单位(地方各级国土资源行政部门)。在项目预算经费管理中,行政主体是国土资源部、财政部,但由国土资源部土地整治中心具体进行项目预算编制成果审查,行政相对人是项目承担单位(地方各级国土资源行政部门)。在项目实施管理中,行政主体是项目承担单位(地方各级国土资源行政部门),行政相对人是项目工程承包单位(符合资质要求的施工单位、监理单位、财务资金审计单位)。在项目验收管理中,行政主体是国土资源部或受委托的省级国土资源行政部门,行政相对人是项目承担单位、项目工程承包单位。在项目所涉权属管理中,行政主体是项目所在县级人民政府,但由相应国土资源行政部门、土地权属登记部门具体进行管理,行政相对人是参加项目运营的农民、农村集体经济组织和其他社会组织。

2. 土地开发整理项目管理法律关系的内容

土地开发整理项目管理法律关系的内容即各主体在开发整理项目管理行为过程中的权利和义务。有关国家机关的权利主要是管理该类项目的权利;其义务主要是确保该类项目运营的合法性、科学性、公开性,并给有关的行政相对人提供参与该类项目运营的空间。有关行政相对人的权利主要是对该类项目运营的知情权与参与权;其义务主要是服从行使该类项目管理权之国家机关的管理决定。

(三) 土地开发整理项目规划、工程设计法律关系

土地开发整理项目规划、工程设计法律关系指在调整土地开发整理项目规划、工程设计行为过程中形成的人与人之间的权利和义务关系。该类项目规划、工程设计行为是民事行为,则相应项目规划、工程设计法律关系当属于民事法律关系。

1. 土地开发整理项目规划、工程设计法律关系的主体

即相应法律关系中权利的享有者和义务的承担者,或享有权利并承担义务的人或组织。在这样的平等性法律关系中,双方主体的法律地位是平等的,其权利义务具有对等性和相应性。一方主体为土地开发整理项目承担单位(地方各级国土资源行政部门),另一方主体为符合资质要求的专业社会组织及专业技术人员。

2. 土地开发整理项目规划、工程设计法律关系的内容

即相应法律关系主体在土地开发整理项目规划、工程设计行为过程中的权利和义务。双方权利和义务皆以自愿协商、合意为前提,以协议约定事项为范围。大体上该类协议当属技术服务合同,土地开发整理项目承担单位按协议约定完成出资,规划、设计单位按协议约定完成项目规划报告、工程设计方案,相应权利和义务的变更皆依双方意思表示而进行。

(四) 土地开发整理项目效益评价法律关系

土地开发整理项目效益评价法律关系即指调整土地开发整理项目效益评价行为过程中形成的人与人之间的权利和义务关系。该类项目效益评价行为既是行政行为也是民事行为,则相应项目效益评价法律关系当既属于行政法律关系也属于民事法律关系。随评价主体的不同,评价的法律效力也有所区别。

1. 国家机关评价之土地开发整理项目效益评价法律关系

若相应评价由行使土地开发整理项目管理权的国家机关来进行,并将之纳入土地开发整理项目管理之后评价范围,则该效益评价法律关系当属行政法律关系,即一种具体土地开发整理项目管理法律关系。其恒定的一方行政主体是行使管理权的国家机关;另一方则是有关行政相对人,即参加土地开发整理项目运营的公民、社会组织(项目承担单位、项目工程承包单位)。具体权利和义务内容与土地开发整理项目管理行为过程中各主体的权利和义务大体一致。

2. 公民、社会组织评价之土地开发整理项目效益评价法律关系

若相应评价由非行使土地开发整理项目管理权的公民、社会组织来进行,则该效益评价法律关系当属民事法律关系。一方主体为土地开发整理项目承担单位(地方各级国土资源行政部门),另一方主体为符合资质要求的"独立第三方"公民、社会组织。双方权利和义务皆以自愿协商、合意为前提,以协议约定事项为范围。大体上该类协议当属咨询服务类,土地开发整理项目承担单位按协议约定完成出资,评价单位按协议约定完成项目效益评价报告。

三、土地整理法律规范

作为土地整理立法之价值、体制、内容固化载体的土地整理法律规范是该类立法规制相应法律行为、调整相应法律关系的具体依托。作为实体是法律规范存在于土地整理立法中的表现结果,是一种具体化、专门化的法律规范;作为范畴是一个组合概念,"土地整理"是对"法律规范"的名定。应在法律规范概念的基础上解析土地整理法律规范。"法律规范是指由国家制定或认可,体现统治阶级意志,以国家强制力保证实施的行为规则。"[1]"法律规范这种行为规则指具体规定权利和义务以及具体法律后果的准则,即对一个事实状态赋予一种确定的具体后果的各种指示和规定。"[2]在此基础上,可将土地整理法律规范界定为:由国家制定或认可,以国家强制力保证实施

---

[1]　《法学词典》编辑委员会:《法学词典(增订版)》,上海辞书出版社1984年版,第618页。

[2]　中国社会科学院法学研究所法律辞典编委会:《法律辞典(简明本)》,法律出版社2004年版,第131页。

的,规制土地整理法律行为、调整土地整理法律关系的行为规则。

土地整理法律规范中最关键的行为规则是程序规范、资金规范、法律责任规范。这三类行为规则一方面占据整个土地整理规范性文件的大部分篇幅,另一方面与土地整理规范性文件应规制之土地整理法律行为、应调整之土地整理法律关系的联系较其他行为规则要更具体、更直接。土地整理法律规范当然地具备法律规范作为行为规则所共有的"对于它所指向的那些人具有约束力"①之有效性等特征,并在其部门法特性影响下指向特定领域而发挥作用。此外,土地整理法律规范也可作为一种"从正义观念中解放出来的纯粹法"②,超越其作为一种规范性文件存在于多个国家和地区并各具特色之事实,在彼此借鉴、互为参照的"客观法律发展趋势——法律全球化"③过程中实现理想状态的达致。

(一) 土地整理法律规范的部门法特性

部门法特性决定了土地整理法律规范作为行为规则所作用的特定领域。"土地整理法律规范的部门法特性"作为范畴是一个组合概念,"土地整理法律规范"是对"部门法"的名定,"土地整理法律规范部门法"是对"特性"的名定。完成这样的分析需依序解答如下问题:其一,土地整理法律规范所表征之土地整理立法是一类独立部门法吗? 其二,若土地整理立法是一类独立部门法,则其特性为何?

1. 我国土地整理立法作为一类独立部门法之判定

"部门法学要求完成两方面的解释:解释相关实在法的具体含义和解释实在法的'合法性'及其意义。"④若我国土地整理立法能够完成这两个方面的解释,则可将其如德国般上升为一类独立部门法。

首先,就"实在法之具体含义的解释"而言。我国土地整理立法的作用对象及其所反映之特有属性已经于前文所述之土地整理法律行为、法律关

---

① [美]E.博登海默:《法理学:法律哲学与法律方法》,邓正来译,中国政法大学出版社 2004 年版,第 347 页。

② [奥]凯尔森:《纯粹法理论》,张书友译,中国法制出版社 2008 年版,第 275 页。

③ 卓泽渊:《法律全球化解析》,《法学家》2004 年第 2 期。

④ 谢晖:《部门法法哲学的成长逻辑——兼论"部门法学"的学理化问题》,《文史哲》2002 年第 1 期。

系作出了清晰的解答,对土地开发整理规划行为、项目管理行为、项目规划行为、工程设计行为、项目效益评价行为①及其所对应之法律关系的干预正是我国土地整理立法作为一类实在法的具体含义所在。

其次,就"实在法之'合法性'及其意义的解释"而言。这类解释更多地应指包括价值分析在内的实在法之"合宪性"分析,作为我国土地整理立法的应然与实然之主要内容的立法价值、立法体制、立法内容,将于后文所述中分别厘清各自的宪法依据及如何根据宪法科学地确立,进而就我国土地整理立法作为一类实在法之合法性问题做出清晰解答。

综上所述,有关我国土地整理立法的两个方面解释能够成立,可将其如德国般上升为一类独立部门法。

2. 我国土地整理立法作为一类独立部门法之特性

围绕部门法学这两个方面的解释,其存在着逻辑连贯性之认知论问题、解释合法性之方法论问题、对象整合性之本体论问题和意义关切性之价值论问题。② 欲甄别某一部门法的特性及其所作用的特定领域,这些因素皆应成为考量的标准。

首先,就我国土地整理立法的逻辑连贯性而言。其基础性概念与初始性范畴就在"土地整理"概念本身,这一概念是厘清土地整理法律行为、土地整理法律关系乃至土地整理立法的理论前提。作为一种重新配置土地资源的活动,土地整理所指向的利益是私人利益、国家利益还是社会利益? 仅以我国土地资源的所有权归属而言,国家所有与集体所有两种并存的所有制形式将国家利益与私人利益皆涵盖其中,则土地资源可作为一种公共资源更多地纳入市民社会之私人领域与国家之公共权力领域之间的公共领域③而指向社会利益。故我国土地整理立法当属于以社会利益为本位之社会法法域。

其次,就我国土地整理立法的解释合法性而言。其所涉方法论问题可

---

① 参见高向军:《土地整理理论与实践》,地质出版社 2003 年版,第 53、86、148、203、305 页。

② 参见谢晖:《部门法法哲学的成长逻辑——兼论"部门法学"的学理化问题》,《文史哲》2002 年第 1 期。

③ 参见[德]哈贝马斯:《公共领域的结构转型》,曹卫东、王晓钰、刘北城、宋伟杰译,学林出版社 1999 年版,第 35 页。

具体为该规范性文件所表征之干预土地整理活动的方式。如前文所述,我国开发未利用地中的法律行为和整理低效耕地中的法律行为皆围绕各类"土地开发整理项目"而展开,故项目运营方式堪称我国干预土地整理活动的主要方式。项目的投资虽以国家投资为主,但并不排除来自社会团体甚至是个人的参与;项目运营中既产生行政法律关系也产生民事法律关系,行政手段与市场手段在运营过程中交替运用。这样的干预是一种"回应型法中协商而定非通过服从赢得的秩序"①下的社会公共干预。

再次,就我国土地整理立法的对象整合性而言。其所涉部门法的实践对象问题可具体为该规范性文件规制下开发未利用地、整理低效耕地背后对可持续性土地资源的追求。土地整理相关的"生态、经济、社会"②三大要素设定了土地整理中践行可持续发展观的具体方向。土地这种特殊自然资源所独有的可更新性与利用永续性,也为在有限的土地资源与持续增长的土地需求之间实现有效平衡提供了可能。

最后,就我国土地整理立法的意义关切性而言。其所涉部门法的价值问题可具体为该规范性文件所表征之土地整理中的平衡扶弱宗旨。未利用地、低效耕地本身即属于土地资源中的薄弱一环,其可能的或现实的权利人也往往属于土地资源受益人中的弱者。对未利用地的开发、对低效耕地的整理即意味着对有限土地资源的重新配置,这样的重新配置既包括土地资源本身的改造、升级,也包括土地资源权属的调整。其目的都是为了实现对薄弱环节的补正与权利人的平衡发展。

综上所述,我国土地整理立法作为一类独立部门法的这四类特性及所作用的特定领域与"社会法观下五个方面的经济法本质"③及"经济法的法律属性与内在功能"④是暗合的,若要为其指明具体部门法门类则当归属于

---

① ［美］诺内特、塞尔兹尼克:《转变中的法律与社会》,张志铭译,中国政法大学出版社1994年版,第105页。
② 傅伯杰、陈利顶、马诚:《土地可持续利用评价的指标体系与方法》,《自然资源学报》1997年第2期。
③ 参见郑少华:《经济法的本质:一种社会法观的解说》,《法学》1999年第2期。
④ 参见秦国荣:《维权与控权:经济法的本质及功能定位——对"需要干预说"的理论评析》,《中国法学》2006年第2期。

社会法法域下的经济法。

（二）我国土地整理法律规范的参照系

土地整理法律规范并非仅存在于我国的特殊性法律现象，它是一种存在于德国、俄罗斯、荷兰、法国、日本、韩国和我国台湾地区等典型国家和地区的普遍性法律现象。我国土地整理法律规范最早可追溯至1950年《中华人民共和国土地改革法》的部分条款，其伴随现代意义土地整理实践在我国的起步而逐渐出现。"建国初期，'土地整理'来源于俄语'консолидации земель'一词，我国政府曾于五十年代初向苏联派遣多名留学生专攻土地整理专业。"①土地整理法律规范在我国更多地是一种法律移植的结果。从土地整理法律规范角度对我国土地整理立法进行应然层面分析，不妨以其他国家和地区相对完备、施行良好的土地整理法律规范为参照系，探寻可资借鉴之处，以期对我国土地整理立法"理想状态"的达致而有所裨益。

德国土地整理法律规范在各典型国家和地区中堪称典范，其时间最早、体系最健全、最具代表性，可以之为我国土地整理法律规范的参照系。德国土地整理法律规范属于典型的大陆法系法典式法律规范，集中体现于《德意志联邦共和国土地整理法》②（以下简称《土地整理法》）。《土地整理法》于1953年颁布，1976年、2008年两次修订，共159条。分为13章，依次为：第1章土地整理的法理基础（总则）；第2章土地整理参加者及其权利；第3章重建土地整理项目区（土地整理运营）；第4章重建土地整理项目区（土地整理运营）特别规定；第5章土地整合过程之推动；第6章土地的自愿交换；第7章土地整理过程中推动土地整合与土地自愿交换之组合；第8章土地整理费用；第9章土地整理程序的一般规则；第10章土地整理之诉；第11章土地整理竣工；第12章土地整理竣工后续事宜；第13章附则。其中最值得我国借鉴之处在于就土地整理程序、资金所作之精细、缜密设计。

1. 德国土地整理程序规范

《土地整理法》第1章第4—8条，第2章第1节，第2章第2、3节，第2

---

① 严金明、钟金发、池国仁：《土地整理》，经济管理出版社1998年版，第1页。

② 原文出自维基百科网：《Flurbereinigungsgesetz》，2012年12月19日，见 http://de.wikipedia.org/wiki/Flurbereinigungsgesetz。部分条文的翻译参考［德］E.魏斯：《联邦德国的乡村土地整理》，贾生华译，中国农业出版社1999年版。

章第 4 节,第 3 章第 1、2 节,第 3 章第 3 节,第 3 章第 4、5、6 节,第 3 章第 7 节,第 11、12 章之规定将土地整理程序清晰地划分为 9 个环节:批准立项;认定土地整理参加者及其权利;组成土地整理参加者联合会和参加者联合会大会;土地整理范围内土地价值评估;制定土地整理规划并确定相关补偿原则;设计土地整理具体方案;实施土地整理方案;办理土地变更登记手续;土地整理竣工及后续事宜。这 9 个环节的程序设计全面涵盖了土地整理的组织机构及其职能、参加者的权利与义务、土地估价、权属调整及成果验收等实体性内容。此外,在第 9、10 章设计了相关环节行为规则和争议纠纷诉讼规则等程序性内容。兼有实体性、程序性内容设计的完备的土地整理程序规范推动着德国土地整理活动沿着规范化道路展进,并取得了显著成效。《土地整理法》设定的土地整理 9 个环节具体如下:

(1)批准立项。由各级土地整理机关按行政区划范围,对辖区内土地整理活动进行管理并批准是否立项。在土地整理项目批准立项前,要听取土地整理权利人、农民联合会、土地规划局、乡镇政府、市县政府等相关个人、组织、机构的意见。批准立项后要确定土地整理项目区的大致界线并予以公告。

(2)认定土地整理参加者及其权利。确认作为土地整理利益相关者的各类自然人和法人拥有同等权利。土地整理机关具体根据土地登记册确认的权属状况来认定各类土地整理参加者,并明晰其权利与义务。若事实上的土地占有人在土地登记册中无相应记载,可将之视为土地整理参加者;若所有权人存在争议,则通过相应诉讼途径解决纠纷后由土地整理机关依据法院判决作出决定。此外,还要求以公告方式敦请无记载的土地整理参加者到土地整理机关申请登记自己的权利。

(3)组成土地整理参加者联合会和参加者联合会大会。由土地整理权利人组成的土地整理参加者联合会代表全体参加者利益,属于法人团体。该联合会的组织机构包括理事会、主席和参加者大会。理事工作皆为义务性质,但可获得由参加者联合会提供的一定工作补贴。理事会由全体土地整理参加者选出,理事会再选举理事会主席和 1 名副主席。如果有 1/3 以上土地整理参加者提出要求,或者土地整理机关提出要求,理事会就应召开参加者大会,并邀请土地整理机关参加。参加者联合会可以与其他项目区参加者联合会一起组成一个参加者联合会大会,该大会是受公法约束的公司。其理事会由参加者联合会大会成员投票选举产生,理事会具体成员数量由上级土地整理机关确定。

(4)土地整理范围内土地价值评估。参加者的土地价值应根据其在项目区范围内土地面积的比例来确定。应以用途为基础来评估土地价值关系,而确定土地整理范围内现有土地的性状,并按自然生产条件为每块土地确定一个恰当的交换价值。暂时起作用的土地改良和耕作状况不影响土地评估结果。所有建设用地的价值和建筑工程的价值,以市场交易价值为基础进行评估。参加价值评估的土地面积以土地登记册记载数量为准。具体的评估工作一般由农业估价师承担,土地整理机关确定参加评估的估价师人数,并在听取参加者联合会理事会意见的基础上,从上级土地整理机关与农业协会推荐的估价师名单中确定具体的估价师人选。估值结果应供各方土地整理参加者查阅并向其解释。估值结果也可在相关听证会上向土地整理参加者解释,若有反对意见并被采纳则需要修正估值结果,土地整理机关修正估值结果后仍应予以公示。

(5)制定土地整理规划并确定相关补偿原则。应在土地整理机关的主持下,召集农业贸易代表和参与土地整理的机构、组织参加一次集中办公会,以便确立制定土地整理规划的依据和原则。土地整理机关在起草土地整理规划方案时要与土地整理参加者联合会理事会充分协商,并召开听证会讨论通过。该规划经上级土地整理机关批准后生效。就土地整理相关补偿而言,所有土地整理参加者予以平等补偿,补偿形式既包括土地实物补偿,还包括货币补偿。土地实物补偿中要协调全部土地整理参加者之间的土地利用、经营关系,并考虑对产量水平、使用性质和地产价值评估有重要影响的各种具体因素。在尽可能合理利用土地的前提下,还要考虑每个土地整理参加者被占用的土地在用途、性质、土地等级、距离远近等方面的情况。土地实物补偿也可以通过土地交换在另一片土地整理项目区来实现。

(6)设计土地整理具体方案。土地整理具体方案的内容应包括道路、河流体系及相关的景观保持计划,公共设施和共用设施建设方案,原有土地状况,土地整理参加者的权利与具体补偿事宜等。基于实施方案的需要,甚至可以经相应程序改变乡镇、市县、行政区甚至州的边界。土地整理具体方案涉及土地整理参加者的共同利益和公共利益,也可能会对乡镇规章制度产生影响。土地整理具体方案要向全体土地整理参加者公布,并根据需要解释农田划分的地点和位置,还需要就土地整理具体方案召开听证会以听取各种反对意见。土地整理机关基于较多数的合理异议、要求,在认为有必要时可以修改土地整理具体方案。

(7)实施土地整理方案。土地整理最终方案,由土地整理机关负责实施。在土地整理方案实施前,可以根据实际情况调整土地占用关系,包括新地块的经营权和使用权。土地占用决定和移交通知要进行公告,并于当地乡镇政府公布新的土地划分方案图件和资料,供全体土地整理参加者查阅。土地整理机关工作人员需在现场提供咨询和解释。除特殊情况外,如公共利益需要、土地整理参加者事先未能预见的重要土地利用需要或法院作出有关判决,土地整理方案将不再进行调整或补充。在转移交接土地时,原有土地出让与新补偿土地取得同时进行。这种事先对土地占用关系的调整不能损害目前仍然占用原有土地的土地整理参加者的利益。如果土地整理参加者将旧土地抵押贷款或负债或设有地役权,债权人可以在土地补偿费扣除贷款后再负担公共分摊。如果原土地权利人通过现金结算让予其权利给其他法律关系主体,土地整理机关有权确定哪些主体可以替代原土地权利人获得补偿款项。如果土地整理参加者买卖了土地,所有有资格的原权利人和通过收购获得权利的持有人,享有对该土地进行经营和使用的权利。

(8)办理土地变更登记手续。由土地整理机关根据土地整理方案办理变更登记,应涉及下列事项:土地整理项目区土地的所有权人;旧的土地及相关权限,以及所呈报的补偿金;土地分配事宜和相关公共设施;删除那些被转移到新的土地而重新注册的权利。办理相关事宜以土地整理前在土地注册处登记的文件为准。若土地整理机关未依申请进行土地变更登记,土地整理参加者可以根据他们的权利提出诉讼,要求土地整理机关在土地注册处纠正相关登记并确认其新的权利。申请人在提出请求时应该附有拥有旧的和新的土地权利之相关证据。

(9)土地整理竣工及后续事宜。基于土地整理机关发布并公示的项目竣工终结文件,而由土地整理参加者联合会来结束土地整理程序。有关国家机关仍受公法管辖,在参与土地整理过程中也需要完成特定的任务,参与社会经济活动,特别是基于贷款协议所产生的负债,必须得到履行。土地整理机关可委托乡镇政府处理土地整理参加者联合会的遗留事务。在完成自己的任务后,土地整理机关可以发布公告而解散土地整理参加者联合会。

综上所述,德国系统设定的土地整理程序皆以农民参与为基石。农民等其他参加者对土地整理程序的主导作用,通过参加者联合会这一主要的活动组织载体而显现出来。批准立项即意味着启动认定土地整理参加者及其权利、组成土地整理参加者联合会的相应程序,并使农民等其他土地整理参加者的参与成为完成其他各环节工作的必备要件。参与土地整理各环节的群体范围较广,由各类土地整理权利人、土地整理相关人(政府相关职能部门和各类相关社会团体)组成。并在相应的土地整理环节明晰了各种具体参与事项,以切实保证农民等其他参加者实现参与的可行性。

2. 德国土地整理资金规范

《土地整理法》第19条、第36条、第50条、第51条、第86条、第88条、第104条、第105条、第107条确立的完备土地整理资金规范主要涉及资金使用和资金来源两方面内容。

(1)土地整理资金使用规范。土地整理资金是用于支付土地整理相关费用的,分类列举各项费用也就明晰了资金的具体去向。《土地整理法》将土地整理费用分为程序费用和实施费用。其一,程序费用。包括:土地整理机关的设备费;土地整理过程的行政办公费;土地整理机关有关技术设备的使用费,如电子数据处理、航空测量和地图绘制等;专业评估费用;在快速土地归并项目中的委托费用;在自愿换地项目中的辅助人员费用。下列费用不能列入程序费用:在土地测量、标界、评估等工作中发生的辅助费用,如辅助人员的工资、标界材料等。开展土地整理过程中,对于某个参加者提出申请实施特定措施所需要的费用由申请人承担。土地整理机关应当审议确定要收取费用的具体数额。此外,还包括为实施土地整理而开展的交易和谈判中基于国家法律规定所产生的各种程序性费用,包括手续费、税款、变更登记费及相关服务费。其二,实施费用。包括:为道路、水渠、植树等共用设施的修建、改造或安装而发生的费用;在移交给新的管理机关以前,共用设施的维护费用;参加者没有负担的土地修整和土壤改良费用;没有依据有关法规由参加者联合会以外的其他单位组织实施的水利投入,如河流的修整和维护费用；土地测量、标界和评估中发生的辅助费用，如工资、界标和简单的设备和工具等；参加者联合会的业务费，如利息、理事会成员的补助和土地整理账户的管理费等；相关货币补偿支出、货币平衡支出和赔偿支出。

（2）土地整理资金来源规范。程序费用一般由项目所在的州拨款解决。对于项目土地整理，项目承担者必须负担部分程序费用。实施费用由土地整理参加者联合会承担，其大小主要取决于项目所需建筑工程规模。在一定条件下，简化的土地整理或项目土地整理的实施费用部分或全部由项目承担者负担。土地整理参加者联合会可以要求参加者分摊经费或实物，以便用于参加者的共用利益。这些费用和负担向土地整理范围内全部土地所有者分摊，其依据是土地整理后各自取得的新土地价值比例，也可按照原有土地的价值、面积或按照新土地的面积来分摊。土地整理机关可以全部或部分免除个别参加者的缴纳义务，由于这些减免的负担要分摊给其他的参加者，则需严格控制减免的标准和规模。如果参加者目前的经济能力不能承担全部资金投入，参加者联合会也可向金融机构申请贷款。贷款的利息也计入实施费用。尽可能通过向参加者分摊、筹集经费而严格控制贷款规模。在自愿基础上，乡镇政府为减轻参加者和土地整理参加者联合会的负担可以为土地整理提供资助或承担贷款利息。土地整理参加者联合会每年都可得到乡镇政府一定的资金帮助。如果其他项目建设单位没有承担实施费用，土地整理参加者联合会则可得到州政府相关补助。具体补助标准取决于"公顷价值"，"公顷价值"由税务部门按乡镇测算确定，用来反映当地土地的平均生产能力。"公顷价值"越高，补助越少；"公顷价值"越低，补助越多。

综上所述，德国就土地整理资金问题根据不同类型的土地整理确立了"常规、简化、项目、快速土地合并、自愿调换土地"的多样化土地整理融资模式。"其一，常规的土地整理融资。此类土地整理是为了改善农业生产作业条件，并促进土壤改良和土地开发。该类土地必须存在如农田破碎、道路通行不便、水利设施不全之类的缺陷。对接近市镇或经济价值较高的待整理土地，与企业或地产商合作，通过招标实行产业化整理；对偏僻或土地价值不高的乡村待整理土地，则与土地所有者通力合作，共同将整理成本降到最低。其二，简化的土地整理融资。此类土地整理一般是为了克服因修建铁路、公路、水利等基础设施建设而对农田基本条件造成的不利影响或为了更好地实施住宅建设计划和自然保护、景观保护计划。简化的土地整理由州土地整理局批准立项,并由州土地整理局决定采用简化程序和方法,其整理资金由州政府和相关环保部门共同承担。其三,项目土地整理融资。此类土地整理一般通过土地整理将公路、铁路、水利等基础设施建设项目中被征用的土地分摊给较大范围内的地产所有者负担,或为了消除或减轻因项目建设所致农业用地条件方面的缺陷,也或为了实施建设项目而落实土地征用计划。此类土地整理经济价值高,故地产所有者是整理资金的主要出资方,州土地整理局在整理过程中只起监督和资金管理作用。其四,快速土地合并融资。这类土地整理多适用于已经初步完成土地整理的区域,而不需要进行大规模的水利设施建设包括灌溉设施和排水系统的建设。由于其土地整理已初步完成,故所需费用较少,主要用于补偿参与方和土地维护,相关费用主要纳入州政府的财政支出计划。其五,自愿调换土地融资。此类土地整理是为了改善农业土地利用条件,用快速、简化的方法合并农用地,为自然保护和景观保持创造条件。此类整理所需费用,由州土地整理局、乡政府和土地所有者、其他团体共同承担。"①

基于此,德国设定了复合型融资组织结构,规定土地整理资金由联邦政府、州政府和土地所有者、其他团体共同承担。其一,联邦政府是土地整理的主要倡导者和资助方。联邦政府通过制定《土地整理法》对土地整理过程进行宏观调控,而不直接参与各州的土地整理工作。同时联邦政府每年还从财政收入中拨出专项基金,用于对各州土地整理的资助。其二,州政府是土地整理的主要组织实施方和监督方。州政府的土地整理融资,主要由州土地整理机关负责进行。若无其他利益参与方,土地整理融资以联邦政府下拨的专项基金和州政府的财政收入为主。若存在其他利益参与方,则在州土地整理机关的指导下,与土地所有者和其他利益相关人(如农业协会或乡政府)一起组成土地整理参加者联合会,具体承担土地整理工作,土地整理资金由多方承担。其三,土地所有者、其他团体是土地整理的融资参

---

① 董利民:《土地整理融资机制研究》,博士学位论文,华中农业大学经济贸易学院,2004年,第36—37页。

与方。个体土地所有者承担的土地整理费用较少,可通过与州政府以钱换地或以地换地并支付地价差额的方式参与土地整理工作。乡镇和乡镇联合会、与土地整理有关的社会团体、水土保持协会、他项权利人、不属于土地整理区但要承担部分费用或要设置界桩的权利人在土地整理过程中会产生与自身相关的既得利益,则可承担与投资回报率相挂钩的部分费用。

第二节　实然层面的我国土地整理立法

一、我国土地整理立法概况

（一）高位阶原则性立法

1. 宪法典

无土地整理的专门规定,但渊源性规定存在于第 9 条、第 10 条。第 9 条规定:"矿藏、水流、森林、山岭、草原、荒地、滩涂等自然资源,都属于国家所有,即全民所有;由法律规定属于集体所有的森林和山岭、草原、荒地、滩涂除外。国家保障自然资源的合理利用,保护珍贵的动物和植物。禁止任何组织或者个人用任何手段侵占或者破坏自然资源。"第 10 条规定:"城市的土地属于国家所有。农村和城市郊区的土地,除由法律规定属于国家所有的以外,属于集体所有;宅基地和自留地、自留山,也属于集体所有。国家为了公共利益的需要,可以依照法律规定对土地实行征收或者征用并给予补偿。任何组织或者个人不得侵占、买卖或者以其他形式非法转让土地。土地的使用权可以依照法律的规定转让。一切使用土地的组织和个人必须合理地利用土地。"

2. 法律

无土地整理的专门立法,但在其他法律中存在着相关规定。

其一,《中华人民共和国土地管理法》第 38 条、第 39 条、第 40 条、第 41 条,分别就开发未利用地和整理低效耕地作出了原则性规定。第 38 条规定:"国家鼓励单位和个人按照土地利用总体规划,在保护和改善生态环境、防止水土流失和土地荒漠化的前提下,开发未利用的土地;适宜开发为农用地的,应当优先开发成农用地。国家依法保护开发者的合法权益。"第 39 条规定:"开垦未利用的土地,必须经过科学论证和评估,在土地利用总体规划划定的可开垦的区域内,经依法批准后进行。禁止毁坏森林、草原开垦耕地,禁止围湖造田和侵占江河滩地。根据土地利用总体规划,对破坏生态环境开垦、围垦的土地,有计划有步骤地退耕还林、还牧、还湖。"第 40 条规定:"开发未确定使用权的国有荒山、荒地、荒滩从事种植业、林业、畜牧业、渔业生产的,经县级以上人民政府依法批准,可以确定给开发单位或者个人长期使用。"第 41 条规定:"国家鼓励土地整理。县、乡(镇)人民政府应当组织农村集体经济组织,按照土地利用总体规划,对田、水、路、林、村综合整治,提高耕地质量,增加有效耕地面积,改善农业生产条件和生态环境。地方各级人民政府应当采取措施,改造中、低产田,整治闲散地和废弃地。"

其二,《中华人民共和国水土保持法》第 34 条从防治水土流失的角度就开发未利用地作出了原则性规定。第 34 条规定:"国家鼓励和支持承包治理荒山、荒沟、荒丘、荒滩,防治水土流失,保护和改善生态环境,促进土地资源的合理开发和可持续利用,并依法保护土地承包合同当事人的合法权益。承包治理荒山、荒沟、荒丘、荒滩和承包水土流失严重地区农村土地的,在依法签订的土地承包合同中应当包括预防和治理水土流失责任的内容。"

其三,《中华人民共和国农村土地承包法》第 44 条、第 46 条就开发未利用地的方式作出了原则性规定。第 44 条规定:"不宜采取家庭承包方式的荒山、荒沟、荒丘、荒滩等农村土地,通过招标、拍卖、公开协商等方式承包的,适用本章规定。"第 46 条规定:"荒山、荒沟、荒丘、荒滩等可以直接通过招标、拍卖、公开协商等方式实行承包经营,也可以将土地承包经营权折股分给本集体经济组织成员后,再实行承包经营或者股份合作经营。承包荒山、荒沟、荒丘、荒滩的,应当遵守有关法律、行政法规的规定,防止水土流失,保护生态环境。"

3.行政法规

无土地整理的专门立法,但在其他行政法规中存在着相关规定。

其一,《中华人民共和国土地管理法实施条例》第 17 条、第 18 条分别就开发未利用地和整理低效耕地作出了较为具体的规定,涉及开发范围、开发权限、整理方式、整理费用等问题。第 17 条规定:"禁止单位和个人在土地利用总体规划确定的禁止开垦区内从事土地开发活动。在土地利用总体规划确定的土地开垦区内,开发未确定土地使用权的国有荒山、荒地、荒滩从事种植业、林业、畜牧业、渔业生产的,应当向土地所在地的县级以上人民政府土地行政主管部门提出申请,报有批准权的人民政府批准。一次性开发未确定土地使用权的国有荒山、荒地、荒滩 600 公顷以下的,按照省、自治区、直辖市规定的权限,由县级以上地方人民政府批准;开发 600 公顷以上的,报国务院批准。开发未确定土地使用权的国有荒山、荒地、荒滩从事种植业、林业、畜牧业或者渔业生产的,经县级以上人民政府依法批准,可以确定给开发单位或者个人长期使用,使用期限最长不得超过 50 年。"第 18 条规定:"县、乡(镇)人民政府应当按照土地利用总体规划,组织农村集体经济组织制定土地整理方案,并组织实施。地方各级人民政府应当采取措施,按照土地利用总体规划推进土地整理。土地整理新增耕地面积的 60% 可以用作折抵建设占用耕地的补偿指标。土地整理所需费用,按照谁受益谁负担的原则,由农村集体经济组织和土地使用者共同承担。"

其二,《大中型水利水电工程建设征地补偿和移民安置条例》第 25 条就大中型水利水电工程建设所涉土地整理问题作出了原则性规定。第 25 条规定:"大中型水利水电工程建设占用耕地的,应当执行占补平衡的规定。为安置移民开垦的耕地、因大中型水利水电工程建设而进行土地整理新增的耕地、工程施工新造的耕地可以抵扣或者折抵建设占用耕地的数量。大中型水利水电工程建设占用 25 度以上坡耕地的,不计入需要补充耕地的范围。"

(二) 低位阶专门性、实施性立法

我国有关土地整理的专门性、实施性立法主要体现为部门规章(含部门规范性文件)、地方性法规和地方政府规章。部门规章(含部门规范性文件)主要是:国土资源部颁布的 1998 年《关于进一步加强土地开发整理管理工作的通知》、1999 年《关于设立土地开发整理示范区的通知》、1999 年《关于土地开发整理工作有关问题的通知》、2000 年《土地开发整理项目资金管理暂行办法》、2000 年《国家投资土地开发整理项目管理暂行办法》、2001 年《国土资源部关于土地开发整理项目及资金管理工作廉政建设规定》、2002 年《土地开发整理规划管理若干意见》、2002 年《关于认真做好土地整理开发规划工作的通知》、2002 年《关于开展农村土地开发整理权属管

理调研工作的通知》、2003 年《全国土地开发整理规划》、2003 年《省级土地
开发整理规划审批暂行办法》、2003 年《国家投资土地开发整理项目实施管
理暂行办法》、2003 年《土地开发整理若干意见》、2003 年《国家投资土地开
发整理项目竣工验收暂行办法》、2005 年《关于加强和改进土地开发整理工
作的通知》、2008 年《关于进一步加强土地整理复垦开发工作的通知》、2008
年《国土资源部关于土地整理复垦开发项目信息备案有关问题的通知》、
2009 年《城乡建设用地增减挂钩试点管理办法》、2011 年《城乡建设用地增
减挂钩试点和农村土地整治有关问题的处理意见》、2012 年《全国土地整治
规划(2011—2015 年)》、2012 年《关于加强农村土地整治权属管理的通
知》,财政部、国土资源部颁布的 2005 年《关于结合土地开发整理推进小型
农田水利建设的通知》、2012 年《关于加快编制和实施土地整治规划大力推
进高标准基本农田建设的通知》,水利部颁布的 1998 年《治理开发农村"四
荒"资源管理办法》。地方性法规主要是:2006 年《湖南省土地开发整理条
例》、2010 年《贵州省土地整治条例》。地方政府规章主要是:2002 年《河北
省土地开发整理管理办法》(失效)、2006 年《海南省土地储备整理管理暂
行办法》、2008 年《天津市土地开发整理管理规定》、2008 年《天津市土地整
理储备管理办法》、2011 年《湖北省土地整治管理办法》。如前所述,土地整
理程序规范、土地整理资金规范、土地整理法律责任规范是土地整理法律规
范的最关键部分,梳理这些低位阶立法的主要内容大致就从这三个方面
展开。

1. 土地整理程序规范

《国土资源部关于进一步加强土地开发整理管理工作的通知》在第 3
部分"采取有力措施,切实加强对土地开发整理工作的管理"中就土地开发
整理的管理程序设计了 7 个环节:"土地开发整理规划、项目可行性论证、
项目设计、项目审批、项目实施监督、项目验收、开发整理土地的权属管
理"。《土地开发整理规划管理若干意见》分别在第 6 条、第 9 条就土地开
发整理规划的编制程序和审批程序予以了具体规定。《国家投资土地开发
整理项目竣工验收暂行办法》第 7、8、10、12、14、15 条就国家投资土地开发
整理项目竣工验收程序设计了 5 个环节:竣工初验申请、竣工验收申请、竣
工验收、提交竣工验收报告、竣工验收审批。《省级土地开发整理规划审批

暂行办法》在第 4 部分将审查报批程序分为预审和报批 2 个步骤,并就报批设计了 4 个环节:申报、审查、会审、批复。《国家投资土地开发整理项目实施管理暂行办法》第 2、3、4、5 章在事实上将土地开发整理项目的实施管理程序分成了 4 个环节:实施准备、工程施工、竣工验收准备、监督检查。《国土资源部关于做好土地开发整理权属管理工作的意见》第 5、6、7、9 条就土地开发整理权属管理程序设计了 4 个环节:制定权属调整方案、公告权属调整方案、权属调整方案审批、土地权益重新确定。

《湖南省土地开发整理条例》第 2、3、4 章在事实上将土地开发整理程序分成了 4 个环节:规划、立项、实施、权属调整。《贵州省土地整治条例》第 2、3、4 章在事实上将土地开发整理程序分成了 3 个环节:规划、立项、实施。

《河北省土地开发整理管理办法》(失效)第 2、3、4 章在事实上将土地开发整理程序分成了 3 个环节:立项、实施、验收。《海南省土地储备整理管理暂行办法》第 9、10 条分别就"收回、收购方式下的土地储备整理程序"予以了规定。《天津市土地开发整理管理规定》第 12 条将土地开发整理程序明确地分为 5 个环节:项目立项、规划设计、预算、实施和竣工验收,第 14、19 条分别就土地开发整理项目"申报程序和验收程序"予以规定。《湖北省土地整治管理办法》第 2、3、4、5 章在事实上将土地开发整理程序分成了 4 个环节:规划、项目立项与设计、项目实施与工程管护、权属调整管理。

2. 土地整理资金规范

《土地开发整理项目资金管理暂行办法》共 18 条,分别就土地整理项目资金的来源、开支范围、预算、核算和财务监管问题作了原则性规定,如第 2、3 条明确将土地整理项目资金定义为:"用于中央确定的耕地开发整理重点项目、经中央批准的耕地开发整理示范项目和对地方耕地开发整理项目进行补助的资金。项目资金来源于中央所得的新增建设用地土地有偿使用费(30%部分)。"《国土资源部关于土地开发整理项目及资金管理工作廉政建设规定》共 11 条,实际是就前述《土地开发整理项目资金管理暂行办法》中项目资金监管问题所作的延展性具体规定,涉及项目资金管理的原则、程序、禁止性规定和法律责任等相关内容。《关于进一步加强土地整理复垦开发工作的通知》在第5、7部分就土地整理资金问题予以规定："要积极探索市场化运作模式,引导公司、企业等社会资金参与土地整理复垦开发项目。增加的耕地可在省级国土资源部门统筹安排下有偿使用。有条件的地方,可以尝试建立土地整理复垦开发基金,扩大资金渠道。"

《湖南省土地开发整理条例》在第5章就土地整理资金问题作了专章规定,如第24条规定:"土地开发整理专项资金包括:新增建设用地土地有偿使用费、耕地开垦费、土地出让金用于农业土地开发的部分等。"《贵州省土地整治条例》在第5章也作了专章规定,如第18条规定:"土地整治资金来源主要包括:新增建设用地土地有偿使用费、耕地开垦费及指标流转价款、土地复垦费和土地出让金收入用于农业土地开发的部分等。"

《河北省土地开发整理管理办法》(失效)在第5章也作了专章规定,如第25条规定:"本省鼓励社会各界投资土地开发整理项目。"《海南省土地储备整理管理暂行办法》第15、16条也作了专门规定,如第15条规定:"土地储备整理资金通过下列途径筹集:(一)政府财政拨款;(二)储备土地出让收益;(三)各类贷款;(四)其他资金。"《天津市土地开发整理管理规定》第22、23、24、25条也作了专门规定,如第22条规定:"土地开发整理专项资金包括:耕地开垦费、新增建设用地土地有偿使用费、土地出让金用于农业土地开发的部分和市人民政府规定的用于耕地开发、土地整理、基本农田保护和建设的资金。"《湖北省土地整治管理办法》在第6章也作了专章规定,如第43条规定:"土地整治项目资金来源主要包括土地整治专项资金和社会资金。本办法所称土地整治专项资金,包括新增建设用地土地有偿使用费、耕地开垦费、用于农业土地开发的土地出让金等资金。本办法所称社会资金,是指参与土地整治的单位和个人所投入的资金。"

这5件地方性法规、地方政府规章的相关规定实际上都是围绕《土地开发整理项目资金管理暂行办法》就资金来源、使用、监管等问题作具体实施性规定。总体而言,依据相关立法规定可见目前我国土地整理资金主要源自政府,大体分3个部分:其一,新增建设用地有偿使用费,专项用于耕地开发整理。其二,非农业建设经批准占用耕地的,按规定应缴纳的耕地开垦费,专项用于开垦新的耕地。其三,由于挖损、塌陷、压占等造成土地破坏,没有条件复垦或复垦不符合要求的,应当按规定缴纳土地复垦费,专项用于土地复垦。

3. 土地整理法律责任规范

《土地开发整理项目资金管理暂行办法》第 15 条将土地开发整理项目资金的监管部门设定为"国土资源部",具体职能部门设定为"各项目承担单位的财务部门",将相应法律责任分为 3 类:通报批评、停止拨款和终止项目等,经济、行政责任,刑事责任。《国土资源部关于土地开发整理项目及资金管理工作廉政建设规定》第 9 条将土地开发整理项目实施和资金使用情况的监管部门进一步明确为"国土资源系统各级土地开发整理的管理部门、财务部门、纪检监察部门",将相应法律责任分为 3 类:采取果断措施予以制止和纠正,经济、行政责任,刑事责任;并于第 10 条就"有关责任人员和有关领导干部"的归责程序设定为 3 步骤:追究责任—给予党纪政纪处分—移交司法机关处理。《土地开发整理规划管理若干意见》第 16 条就本行政区土地开发整理规划执行情况的监管部门设定为县级以上人民政府土地行政主管部门,将违反土地开发整理规划的法律责任设定为责令限期改正,并予以处罚。《国家投资土地开发整理项目实施管理暂行办法》第 21 条就国家投资土地开发整理项目的监管部门设定为各级国土资源管理部门;第 22 条将相应法律责任分为 3 类:予以纠正,进行查处,追究刑事责任。《土地开发整理若干意见》在第 34 条"加强廉政建设,严肃有关纪律"中规定"对违反国家有关法律及有关规定的行为,或由于工作失误造成重大损失的,要依法追究有关人员的责任,作出严肃处理"。《国家投资土地开发整理项目竣工验收暂行办法》第 17 条就"竣工验收有关人员弄虚作假、徇私舞弊行为"的法律责任设定为两类:严肃查处和追究刑事责任。《国土资源部关于土地整理复垦开发项目信息备案有关问题的通知》在第 4 条"备案责任"中规定"违反规定的要按有关规定严肃处理"。

《湖南省土地开发整理条例》设有"第六章法律责任"专门一章来予以规定,其将相应法律责任分为 5 种:责令改正、行政处分、行政处罚、民事责任、刑事责任。《贵州省土地整治条例》设有"第七章法律责任"专门一章来予以规定,其将相应法律责任分为 5 种:责令改正、没收违法所得、经济赔偿、行政处分、行政处罚。

《河北省土地开发整理管理办法》(失效)设有"第六章法律责任"专门一章来予以规定,其将相应法律责任分为 4 种:责令改正、行政处分、行政处罚、刑事责任。《海南省土地储备整理管理暂行办法》第 26 条就"行政机关及其工作人员"违法行为的法律责任设定为 3 种:行政处分、问责、刑事责任;第 27 条将"损毁或者移动政府土地储备界桩和标志行为"的监管部门设定为土地行政主管部门,其相应法律责任设定为责令改正并处以罚款。《天津市土地开发整理管理规定》第 24 条将弄虚作假、截留、挪用和挤占项目资金等违法违纪行为的监管部门设定为国土资源行政主管部门和财政部门,其相应法律责任设定为 3 类:通报批评、停止拨款、终止项目等,经济、行政责任,刑事责任。《天津市土地整理储备管理办法》第 27 条就"土地整理中心及其委托的单位的工作人员"违法行为的法律责任设定为两种:行政处分、刑事责任。《湖北省土地整治管理办法》设有"第七章法律责任"专门一章来予以规定,其将相应法律责任分为 5 种:责令改正、民事责任、行政处分、行政处罚、刑事责任。

二、我国土地整理立法存在的不足

前文从一类独立部门法角度就我国土地整理立法从高位阶原则性立法到低位阶专门性、实施性立法进行了罗列。貌似我国土地整理立法已然成为一类独立部门法,与应然层面的、作为一个概念的"我国土地整理立法"之内涵(行为、关系、规范)实现了暗合。此外,也选择土地整理程序规范、资金规范、法律责任规范这三种最关键的土地整理法律规范进行了类型化分析。类型化的内涵与分类是大体一致的,"没有类别就是没有思维,因为类别就是把类似的品质、功能或行为与其他不类似的品质、功能或行为区别开来。把它们加以类别就是为了要评估它们的价值,作出选择并采取行动。类别就是指对各项事实的分类、叙述和选择,把所谓的类似的东西归并入一类,而排除那些不相类似的东西,并准备对它们确定意义或用记号标出"。[1]然而应然层面的我国土地整理立法应予规范之土地开发整理规划行为、项目管理行为、项目规划行为、工程设计行为、项目效益评价行为[2],应予调整

---

[1] [美]约翰·R.康芒斯:《资本主义的法律基础》,寿勉成译,商务印书馆 2003 年版,第 436、444 页。

[2] 参见高向军:《土地整理理论与实践》,地质出版社 2003 年版,第 53、86、148、203、305 页。

之土地开发整理规划、项目管理、项目规划、工程设计、项目效益评价法律关系,真的皆进入前文罗列之立法的视野范围而被固化为法律规范了吗? 单纯的文字检索、文本对比不足以完成规范性文件的应然与实然之比较,应从其应然与实然皆可归结的主要内容之立法价值、立法体制、立法内容三个方面展开分析,结合土地整理程序规范、土地整理资金规范、土地整理法律责任规范探究其实然层面中存在的不足,进而完成我国土地整理立法在立法价值、立法体制、立法内容上有否依据宪法之判定。

（一）立法价值之不足

立法价值之不足集中体现为我国土地整理立法价值模糊,即相关立法的目的性价值与道德性价值皆不清晰。经济学上的价值分析一般指对商品的价值、功能与成本做思考与探索的活动。其通过小组活动方式,集思广益地寻求最佳方案,再运用体系分工的方式达成价值提升或降低成本的目标。价值分析的方法包括选择对象、收集情报和功能分析。法学研究中也日渐重视价值分析方法的运用,"价值分析是对作为客体的现象或事物与作为主体的人(一定的阶级、阶层、群体与个人)的价值关系,即对特定客体内含的、应有的价值因素的认知和评价。"[1]法学研究中的价值分析可从目的性和道德性两方面展开,两者之间既相互区别又相互联系。

在分析我国土地整理立法价值之前,需就什么是"立法价值"予以界定,学界就该问题是存在争议的。比如"立法价值通常不是指立法作用或立法的有用性,而是指立法主体的需要与立法对象(法律所要调整的对象)间的相互关系,表现为立法主体通过立法活动所要追求实现的道德准则和利益"。[2] "立法决策的价值取向是人们进行立法决策活动时所普遍认同并应加以追求的理念、普遍原则、目标等,价值取向并不是外加的,而是由立法决策这一特定的实践活动的品格所决定的。"[3]"立法程序的价值取向是由立法程序这一独特的社会现象的品格所决定的,它实质上是人们在设置立法程序时所普遍认同并鼎力追求的普遍原则和目标。它们是可能对立法、

---

① 张文显、姚建宗:《略论法学研究中的价值分析方法》,《法学评论》1991 年第 5 期。

② 李林:《立法理论与制度》,中国法制出版社 2005 年版,第 6 页。

③ 于兆波:《立法决策论》,北京大学出版社 2005 年版,第 35 页。

政策适用和司法判决等行为产生影响的超法律因素。立法程序对人的理想
及所追求的普遍原则的满足,是立法程序之所以被人们选择利用的逻辑起
因。"①这些观点虽各有所长,但没有给出"立法价值"的具体定义,可依循
前文引言所述功利主义的价值分析方法将立法价值定义为:立法主体通过
立法活动所要追求实现的道德准则,在该准则的作用下进而通过立法活动
的结果实现立法主体的需要和利益的满足。土地整理立法的目的性价值就
是通过土地整理立法活动的结果欲满足之立法主体的需要和利益,土地整
理立法的道德性价值就是立法主体通过土地整理立法活动所要追求实现的
道德准则。

　　前文罗列之立法就土地整理立法的目的性价值与道德性价值皆缺乏系
统、清晰的解答。价值的模糊使相关规范性文件更多地沦为一种技术性、工
具性规范性文件,而非真正立法中的规范性文件。立法者仅仅为了完成对
土地整理工作的指引而制定指引,对深层次的价值问题缺乏必要的关注。
什么方面出现了问题就在最短的时间内、以最便捷的方式(往往意味着更
低的位阶)拿出一个规范性文件进行补正。这也是前文在罗列部门规章时
不得不超出立法法规定范围,将部门规范性文件也纳入其中一并分析的原
因,否则寥寥可数的、薄薄的几页所谓"立法"又何以与那般厚重的德国土
地整理法相为参照,而苟列为"一类独立部门法"加以系统分析呢? 故而我
国土地整理规范性文件多以"通知、暂行办法、意见"等形式出现,应急式、
临时性立法习惯显露无遗。这些都是立法价值模糊所致的结果,没有目的
需求、道德准则的系统指引又何来系统的、科学的、单行的"真正"土地整理
部门法呢? 欲实现我国土地整理立法的民主化与科学化,清晰的立法价值
分析是不可或缺的。

　　事实上,我国宪法在价值层面上是存在着明确指引的,宪法在价值层面
的根本法属性于土地整理立法中没有得到充分显现是造就其立法价值模糊
的重要原因。而宪法的价值指引模糊存在于土地整理立法的原因则回到了
"宪法依据"问题,一方面归因于宪法价值的诠释不力即"立法依据宪法的
什么价值"不清晰,另一方面归因于宪法价值的适用不力即"根据宪法价值

---

① 苗连营:《立法程序论》,中国检察出版社 2001 年版,第 21—22 页。

如何科学地立法"不清晰。因此有必要在界定我国土地整理立法价值的宪法价值依据基础上,探寻契合于宪法价值的相应立法价值。

（二）立法体制之不足

立法体制之不足集中体现为我国土地整理立法体制紊乱,即相关立法的位阶层级不高、规范体系不健全。在高位阶原则性立法中,仅《中华人民共和国土地管理法实施条例》第 18 条第 3 款"土地整理所需费用,按照谁受益谁负担的原则,由农村集体经济组织和土地使用者共同承担"之规定涉及土地整理资金问题,其他各类专门规定均未涉及土地整理程序、资金、法律责任问题。这些问题恰恰与土地整理规范性文件应规制之土地整理法律行为、应调整之土地整理法律关系的联系是最紧密的。尽管低位阶专门性、实施性立法就这三个方面的土地整理立法核心问题有一些零散规定,但若高位阶原则性立法就这些核心问题皆语焉不详,我国该类立法作为一类独立部门法是难以成立的。

1. 土地整理程序规范、土地整理资金规范之立法体制不足

已有的部门规章、地方性法规和地方政府规章之立法主体为:国土资源部、湖南省人大常委会、贵州省人大常委会、河北省人民政府、海南省人民政府、天津市人民政府和湖北省人民政府。土地整理在我国已呈现不同样态,至今形成了"平原'田、水、路、林、村'综合整理,丘陵山区'山、林、田、水、村'综合整理和单项土地整理"[1]三种典型一般作业模式。土地整理程序、资金有必要体现出地方特色。低位阶程序立法除保持与高位阶程序立法的原则性规定相一致外,更应凸显体现地区差的灵活性规定。事实上我国绝大多数省级地方皆未启动土地整理程序、资金立法或相关立法,这些省级地方的土地整理难道就不具备地方特色? 不需要更为具体、灵活的程序、资金规定指引其土地整理活动? 恐怕未必如此。仅在 2008 年"我国土地整理项目数为 4990 个,分布于 30 个省级地方;我国土地开发项目数为 11372 个,分布于 29 个省级地方"。[2] 前述之各类土地整理法律行为、法律关系在我

---

① 付梅臣、王金满、王广军:《土地整理与复垦》,地质出版社 2007 年版,第 11 页。

② 中华人民共和国国土资源部:《中国国土资源统计年鉴》,地质出版社 2009 年版,第 106、122 页。

国所有省级地方都是真实存在的。可见,实然层面的我国土地整理程序、资金规范在立法体制方面不足以就应然层面的土地整理法律行为、法律关系作充分规制、调整,更遑论以德国土地整理程序、资金规范为参照系进行比较了。欲解决该问题,一方面应借鉴德国经验通过高位阶立法作系统性、原则性规定,另一方面各地应在高位阶立法指引下作实施性具体规定。

2. 土地整理法律责任规范之立法体制不足

在《全国土地开发整理规划(2001—2010 年)》、《全国土地整治规划(2011—2015 年)》的指引下,近年来土地整理在我国被积极推进。"以项目法人责任制、公告制、招投标制、监理制、合同制和审计制为核心的较为完善的监管制度已基本建立。"①但土地整理法律责任规范在系统性、科学性上却相对滞后,而弱化了土地整理监管的执行力与实效。已有的部门规章、地方性法规和地方政府规章相关规定所形成的法律责任规范体系差异性有余而一致性不足,各自规定的土地整理法律责任内容涉及行政责任、民事责任、刑事责任各种责任形式。而法律责任立法相比其他立法却更强调内容的一致性而非差异性,应就不同法律关系主体同类型、同性质的违法行为使之承担同等或至少是同类型的不利法律后果,在归责上应遵循"责任相称"原则。纵使土地整理在我国已呈现不同样态,但不同模式土地整理所致法律责任内容的构成却是一致的,皆应从责任主体、责任行为和责任形式三个方面予以考量,至多因各要件在具体事例中表现形式不同而导致不利法律后果的类型选择或幅度设定有所差异而已。然而作为我国土地整理法律责任立法形式的部门规章、地方性法规和地方政府规章却属同一立法位阶,不论是责任主体、责任行为抑或责任形式,皆从不同视角给予不同规定。而在各自的适用过程中必然会发生适用范围的交叉与重合,易引发适用抵触而出现一定程度的适用困境。可见,实然层面的我国土地整理法律责任规范在立法体制方面不足以就应然层面的土地整理法律行为、法律关系作充分规制、调整。欲解决该问题,应通过高位阶立法就土地整理法律责任的构成予以系统性、原则性规定,方有助于弥合下位法的不同表述所带来的适用

---

① 高世昌、王长江:《中国土地开发整理监管工作回顾与展望》,《资源与产业》2009 年第 4 期。

问题。

事实上,我国宪法在立法体制上是存在着明确指引的,宪法在规范效力层面的根本法属性于土地整理立法中没有得到充分显现是造成其立法体制紊乱的重要原因。而宪法的立法体制指引模糊存在于土地整理立法的原因则回到了"宪法依据"问题,一方面归因于宪法立法体制规范诠释不力即"立法依据宪法的什么立法体制规范"不清晰,另一方面归因于宪法立法体制规范适用不力即"根据宪法立法体制规范如何科学地立法"不清晰。因此有必要在界定我国土地整理立法体制的宪法规范依据基础上,根据相关宪法规范确立我国土地整理立法体制并推动其完善。

（三）立法内容之不足

立法内容之不足集中体现为我国土地整理立法内容碎片化,即相关法律规范的内容界定不够清晰、完备,且部分法律规范的语言表述存在着瑕疵。

1. 土地整理程序规范之立法内容不足

首先,同位法层面的土地整理环节设定存在一定抵触。相关立法设定的土地整理环节各不相同,如《国土资源部关于进一步加强土地开发整理管理工作的通知》设计有 7 个环节,《国家投资土地开发整理项目竣工验收暂行办法》、《省级土地开发整理规划审批暂行办法》、《天津市土地开发整理管理规定》设计有 5 个环节,《国家投资土地开发整理项目实施管理暂行办法》、《国土资源部关于做好土地开发整理权属管理工作的意见》、《湖南省土地开发整理条例》、《湖北省土地整治管理办法》设计有 4 个环节,《贵州省土地整治条例》、《河北省土地开发整理管理办法》（失效）设计有 3 个环节。不同立法设定土地整理环节的着眼点各有不同,致使其设定的各个环节之表述存在差异,且不同表述的各个环节在具体内容上也存在一定的重合。部门规章、地方性法规和地方政府规章在位阶上属同位法,虽不能将这些不同的环节设定等于同位法之间的法律抵触,但不可否认的是,基于可能的适用范围交叉与重合,不同的环节设计极易触发适用冲突。在土地整理环节的设定上,应有更高位阶的立法予以系统性、原则性规定,方有助于通过解释等方法弥合因下位法不同表述所带来的适用问题。

其次,土地整理程序设计的视角局限于"管理"而忽视了"农民参与"。相关立法除《国家投资土地开发整理项目竣工验收暂行办法》、《省级土地开发整理规划审批暂行办法》《湖南省土地开发整理条例》和《贵州省土地整治条例》外,皆冠以"管理"之名。将土地整理活动更多地定性为一种政府就耕地保护而实施的行政管理活动,或至多是一种政府主导下的准行政合同行为。强调土地整理必须以国家鼓励、政府支持为前提,以政府制定的土地利用总体规划为依据。在环节的设计上凸显政府职能部门相应管理职能的实现,而忽视了该环节的农民参与。农民对土地整理活动的认知和参与程度,实际上决定了该类活动进展的实效。"土地整理监管的有效性也往往取决于公众、社会组织的民主参与程度。"[1]在土地整理环节的设定上,应为农民参与预留空间,让其介入土地整理活动全过程。"政府部门要给公众提供表达意愿的机会和渠道,形成'政府—专家—公众'多边参与的互动机制。"[2]

　　由此可见,实然层面的我国土地整理程序规范在立法内容方面不足以就应然层面的土地整理法律行为、法律关系作充分规制、调整。应通过高位阶立法就土地整理环节、农民参与土地整理予以系统性、原则性规定,而设计科学的土地整理程序规范、农民参与土地整理法律规范。

　　2. 土地整理资金规范之立法内容不足

　　资金规范往往涉及资金来源和资金使用两方面内容。以较高位阶的《土地开发整理项目资金管理暂行办法》为例,其就资金来源和资金使用均予以规定。第1条"立法目的"之规定最为明显,"为了加强对土地开发整理项目资金(以下简称项目资金)的管理,提高项目资金的使用效益,根据《土地管理法》和《新增建设用地土地有偿使用费收缴使用管理办法》等有关财经法规的规定,制定本办法"。该规定设定了双重目的,即加强资金管理和提高资金使用效益。目前我国土地整理资金主要源自政府,资金的使用效益良好。"从2001年至2008年,我国共进行土地整理面积298.73万公顷,其中增加农用地78.22万公顷、增加耕地57.12万公顷。"[3]即为最好

---

[1]　Terry Van Dijk, "Complications for Traditional Land Consolidation in Central Europe", *Geoforum*, no.38(2007), pp.505-511.

[2]　严金明:《土地规划立法的导向选择与法律框架构建》,《中国土地科学》2008年第11期。

[3]　中华人民共和国国土资源部:《中国国土资源统计年鉴》,地质出版社2009年版,第129页。

证明。但土地整理资金使用效益良好等于土地整理效益良好吗？"至 2008年 12 月 31 日,我国耕地总面积为 18.2574 亿亩（182574 万亩）。"①历时 8年的土地整理所增加之 57.12 万公顷（856.8 万亩）耕地不到我国耕地总面积的 0.47%。制约我国土地整理规模效益的重要原因就在于土地整理资金不足。《全国土地开发整理规划（2001—2010 年）》指出:按照各省（区、市）分类型土地开发整理平均投入成本测算,实现补充耕地 274 万公顷（4110 万亩）的规划目标,共需要投入约 3330 亿元;而占用耕地的建设单位履行补充耕地义务对土地开发整理的投入或缴纳的开垦费、新增建设用地土地有偿使用费两项合计约 2240 亿元,资金缺口近 1090 亿元。巨大的资金缺口表明,当前我国以政府为主的土地整理资金来源模式在融资结构上是失衡的,使得土地整理由政府、企业、社会公众的共同事业变成了政府单方面提供的公共服务项目,而阻碍了我国土地整理进程。"据测算,目前全国四类土地开发整理专项资金投入每年达到 1000 亿元人民币。"②可见"8年增加耕地 57.12 万公顷"的成本投入是"8 年 8000 亿元人民币",此般投入与产出是否一定就是"资金使用效益良好"? 为什么不是"增加耕地571.2 万公顷或更多"呢? 相关立法在资金管理细则规定上的不足,直接影响了我国土地整理项目资金使用效益的提高。纵然是由政府主要出资,然《土地开发整理项目资金管理暂行办法》第 15 条"部负责对土地开发整理项目资金的财务管理与监督,并对项目预算执行情况、资金使用与管理情况进行经常性的监督、检查,追踪问效"之笼统规定能保证有限的政府土地整理资金不被挪用而真正落到实处,发挥出实效吗?

由此可见,实然层面的我国土地整理资金规范在立法内容方面不足以就应然层面的土地整理法律行为、法律关系作充分规制、调整。应通过高位阶立法就土地整理资金来源、使用予以系统性、原则性规定,而设计科学的土地整理资金规范。

---

① 新华网:《中国最新公布:全国耕地面积为 18.2574 亿亩》,2009 年 2 月 26 日,见 http://finance.qq.com/a/20090226/003862.htm。
② 高世昌、王长江:《中国土地开发整理监管工作回顾与展望》,《资源与产业》2009 年第 4 期。

3.土地整理法律责任规范之立法内容不足

相关立法对监管部门、责任主体、责任行为和责任形式的界定较为繁杂而稍显零乱,且存在一定的抵触。其一,对监管部门的界定。相关立法界定的监管部门有 10 种表述:"国土资源部、各项目承担单位的财务部门","国土资源系统各级土地开发整理的管理部门、财务部门、纪检监察部门","国土资源系统各级纪检监察部门","县级以上人民政府土地行政主管部门","各级国土资源管理部门","省级国土资源部门","县级以上人民政府国土资源行政部门","县级以上人民政府财政、审计等部门","土地行政主管部门","国土资源行政主管部门和财政部门"。其二,对责任主体的界定。相关立法界定的责任主体有 9 种表述:"土地开发整理项目承担单位和有关责任人员","项目管理部门和承担单位及有关责任人员","违法违纪的责任人","竣工验收有关人员","负责项目验收的国土资源部门","直接负责的主管人员和其他直接责任人员","有关国家工作人员","直接责任人员和主要负责人员","土地整理中心及其委托的单位的工作人员"。其三,对责任行为的界定。相关立法界定的责任行为有 11 种表述:"弄虚作假、截留、挪用、挤占和坐支项目资金等违法违纪行为","违反有关国家法律、法规、部门规章的行为","违反土地开发整理规划进行土地整理、复垦和开发活动的行为","项目实施中的不正当行为","由于工作失误造成重大损失的行为","弄虚作假、徇私舞弊行为","擅自变更土地开发整理项目设计的行为","滥用职权、徇私舞弊、玩忽职守行为","因开发土地造成水土流失、盐渍化和荒漠化的行为","损毁或者移动政府土地储备界桩和标志的行为","玩忽职守、滥用职权,索取或非法收受他人财物的行为"。其四,对责任形式的界定。相关立法界定的责任形式有 11 种表述:"通报批评、停止拨款和终止项目等","追究经济、行政责任","追究刑事责任","采取果断措施予以制止和纠正","追究责任、给予党纪政纪处分","责令限期改正并予以处罚","予以纠正进行查处","严肃处理","追究民事责任","问责","责令改正并处以罚款"。

此外,相关立法在语言表述上也存在着瑕疵。一方面,部分法律责任规范的语言表述比较模糊。《土地开发整理若干意见》第 34 条和《国土资源部关于土地整理复垦开发项目信息备案有关问题的通知》第 4 条中的"严

肃处理"表述即为典型。这两处表述均是作为一种法律责任形式予以规定
的,而"严肃处理"的内涵过于笼统、宽泛,又如何使之成为具体不利法律后
果而为作出违法行为的法律关系主体所承担呢?"立法语言的风格大致可
以归结为:准确肯定,简洁凝练,规范严谨,庄重严肃和通俗朴实。"①有必要
依这样的风格以更为恰当的语言来表述"严肃处理"之类的法律责任形式。
另一方面,部分法律责任规范的语言表述不规范。"刑事责任"法律责任形
式的表述即为典型。共 10 件立法规定了"刑事责任"法律责任形式,其表
述可分为 3 类:其一,涉嫌表述。如《国土资源部关于土地开发整理项目及
资金管理工作廉政建设规定》第 9 条"涉嫌经济犯罪的,移交司法部门依法
追究其刑事责任"。其二,移交表述。如《国家投资土地开发整理项目实施
管理暂行办法》第 22 条"情节严重、构成犯罪的,移交司法机关依照有关法
律追究刑事责任"。其三,通常的"构成犯罪的,依法追究刑事责任"表述。
如《土地开发整理项目资金管理暂行办法》第 15 条,《国家投资土地开发整
理项目竣工验收暂行办法》第 17 条,《湖南省土地开发整理条例》第 29、30、
31 条,《河北省土地开发整理管理办法》(失效)第 31、32 条,《海南省土地
储备整理管理暂行办法》第 26 条,《天津市土地开发整理管理规定》第 24
条,《天津市土地整理储备管理办法》第 27 条,《湖北省土地整治管理办法》
第 49、51、52 条。刑事责任作为制裁性最强的法律责任形式,囿于法律位阶
没有直接创设相关法律责任形式,低位阶规范性法律文件仅能根据法律位
阶的间接规定而作援引性表述。

　　由此可见,实然层面的我国土地整理法律责任规范在立法内容方面不
足以就应然层面的土地整理法律行为、法律关系作充分规制、调整。应通过
高位阶立法就土地整理法律责任的构成予以系统性、原则性规定并规范相
关语言表述,而设计科学的土地整理法律责任规范。

　　事实上,我国宪法典第 9、10 条就土地问题已经作出了较为系统的"原
则性和纲领性规定"②,宪法在规范内容层面的根本法属性于土地整理立法
中没有得到充分显现是造成其立法内容碎片化的重要原因。而宪法典第

---

① 朱力宇、张曙光:《立法学》,中国人民大学出版社 2006 年版,第 292—293 页。
② 刘茂林:《中国宪法导论》,北京大学出版社 2009 年版,第 11 页。

9、10 条规定模糊存在于土地整理立法的原因则回到了"宪法依据"问题,一方面归因于该规定的诠释不力即"立法依据宪法的什么土地问题规范"不清晰,另一方面归因于该规定的适用不力即"根据宪法土地问题规范如何科学地立法"不清晰。有必要在界定我国土地整理立法内容的宪法规范依据基础上,根据相关宪法规范确立我国土地整理立法内容并推动其完善。

小　　结

综上所述,"我国土地整理立法有否依据宪法之判定"实质是就引言所述学界已成通说的"立法依据宪法的原因在于宪法的根本法属性"之补正。"宪法的根本法属性"是从宪法方面分析的"立法依据宪法的原因",而"我国土地整理立法有否依据宪法之判定"则是从立法方面分析的"立法依据宪法的原因"。这里通过我国土地整理立法的应然与实然之比较,探究其实然层面中在立法价值、立法体制、立法内容方面存在的不足,可判定我国土地整理立法并未依据宪法而科学地确立。

事实上,我国宪法在价值层面、立法体制上是存在着明确指引的,我国宪法典第 9、10 条就土地问题已经作出了较为系统的原则性和纲领性规定。我国宪法在价值层面、规范效力层面、规范内容层面的根本法属性于土地整理立法中没有得到充分显现是造成其立法价值模糊、立法体制紊乱、立法内容碎片化的重要原因。而宪法的价值指引、立法体制指引和宪法典第 9、10条规定模糊存在于土地整理立法的原因则回到了"宪法依据"问题。一方面归因于宪法依据的诠释不力即"立法依据宪法的什么"不清晰,另一方面归因于宪法依据的适用不力即"根据宪法如何科学地立法"不清晰。则有必要在界定我国土地整理立法的宪法依据基础上,探寻相关宪法依据于该类立法的适用路径。

第二章　我国土地整理立法的
宪法依据之界定

　　"我国土地整理立法的宪法依据之界定"是以"我国土地整理立法"为样本,基于该样本并未依据宪法而科学地确立之判定,所展开的对"立法依据宪法的什么"问题之解答。立足于该样本在立法价值、立法体制、立法内容方面存在的不足,分别界定其在价值、体制、内容方面的相应宪法依据,进而为实现"根据宪法科学地构建我国土地整理立法并推动其完善"提供必备的逻辑前提。最终基于对该样本的研究,就"立法依据宪法的什么"确立基本研究"范式"。

第一节　我国土地整理立法价值的宪法依据

　　界定我国土地整理立法价值的宪法依据就是厘清我国宪法在价值层面上的明确指引即宪法价值。应从目的性价值和道德性价值两方面清晰诠释宪法价值,而回答"立法依据宪法的什么价值"问题,最终在其基础上探寻契合于宪法价值的土地整理立法价值。

一、宪法目的性价值

（一）宪法价值目标

宪法价值目标即宪法作为一种法现象所蕴含的具体目的。

1. 宪法价值目标的各种观点

近年来学界有关宪法价值目标的主要观点如下:"宪法的价值分为宪

法的国家价值、宪法的社会价值、宪法的法律价值,其含义是国家、社会或人、法律对宪法的需求和宪法对国家、社会、法律的实际效应。"①"宪法价值的个别含义主要是指宪法价值蕴含特殊的经济、政治、文化特性。"②"我国社会主义市场经济体制的建立和发展,为宪法价值的转换提供了物质基础。发展社会主义民主政治的中国特色政治,为宪法价值的转变提供了政治保证。发展民族的科学的大众的中国特色社会主义文化,为宪法价值的转换提供了文化发展的方向。"③"宪法的工具价值,即通过宪法来体现国家的根本经济、政治、文化制度,然后又要通过宪法来保障它所规定的经济、政治、文化等方面的有关基本制度。宪法的目标价值,即通过宪法功能和有关法律保障体系的作用所要达到的民主制度化、法律化的目标。"④宪法因其调整对象的广泛性,其价值也呈现出多样性的特点。其基本价值主要有以下几方面:经济价值,集中表现在宪法对经济制度的保障和经济发展的促进作用上;政治价值,在于通过树立宪法权威,实现人民主权;法律价值,在于实现并维护社会正义。⑤ "和谐社会的宪政价值,意指和谐社会的建构对于宪政国家建设的助动性和积极性。具体包括:优化权力配置,疏通朝野互动之渠道;消解社会对立,构筑社会团结之基础;重塑人本价值,催生现代公民之精神;提升法治权威,濡养自由宪政之文化。"⑥

上述观点所界定的宪法价值目标大致可分为五组:"国家、社会、法律";"经济、政治、文化";"经济、政治、文化、法律";"经济、政治、法律";"和谐社会"。综合比较可见:"法律"为三组观点所取,成为一定范围的学界共识,宪法的母法、高级法地位与间接适用性通过此种观点得到很好的体现。宪法价值要素之适用因"宪法规范的弱制裁性"⑦往往需结合其他低位阶法律规范的适用方能有效实现。"和谐社会"作为"社会"发展的一

---

① 李龙:《宪法基础理论》,武汉大学出版社1999年版,第212—223页。
② 王崇英:《试论宪法价值》,《无锡轻工大学学报(社会科学版)》2001年第3期。
③ 王崇英:《中国现代化与宪法价值转换》,《政治与法律》2002年第3期。
④ 王崇英:《现代中国宪法价值初探》,《江南大学学报(人文社会科学版)》2003年第5期。
⑤ 参见殷啸虎:《宪法学要义》,北京大学出版社2005年版,第94—96页。
⑥ 江国华:《和谐社会的宪政价值》,《法学论坛》2005年第4期。
⑦ 刘茂林:《中国宪法导论》,北京大学出版社2009年版,第42页。

种理想形态,堪称"社会"之下位概念,则可为"社会"范畴所包含。而"国家、社会(和谐社会)"与"经济、政治、文化"、"经济、政治"之范畴包含与被包含比较,因其不同的范畴表述视角则较难厘清。但若依循《公民权利和政治权利国际公约》和《经济社会文化权利国际公约》之体例设计或许能找到答案,"国家、社会(和谐社会)"与"经济、政治、文化"、"经济、政治"的表述皆显偏狭,"国家、公民、社会(和谐社会)"与"政治、经济、文化"这样两组基于不同视角的同位概念表述当更臻自足性与普适性。"价值目标的差异,代表着主体对客体属性和效用的不同期待,主体会因此对客体进行符合自身要求的改造,客体也会因此表现出不同特征。"[1]不妨将"法律"、"国家、公民、社会(和谐社会)"、"政治、经济、文化"界定为三组不同视角下的宪法价值目标。"法律"是宪法的载体目的,"国家、公民、社会(和谐社会)"是宪法的作用对象目的,"政治、经济、文化"是宪法的践行领域目的。

2. 宪法价值目标之诠释

作为实现宪法价值之载体的法律包括宪法规范和其他低位阶法律规范,其实际表征的是宪法价值目标对规则体系的诉求。"在人类的历史进程中有一个不可忽视的特点,这就是人类在不断地为共同生活制定规则。特别是近代以来,人类以国家为单位的各个历史阶段,每走过一个艰难困苦的里程,都要通过宪法来制定为克服困难所需要的新规则,以此来继续人类的发展;每经历一段苦难深重的生活,都要通过宪法来确定为消除苦难所需要的新的政治及社会的基本形态,从而进入新的历史阶段。"[2]"宪法中的制度运行是由规范设计组合本体推动的。这些本体也就成了宪法制度的灵魂。从这一意义上讲它就是宪法制度的元本体。"[3]

国家、公民、社会(和谐社会)是宪法发挥作用的对象,其实际表征的是宪法价值目标对作用对象的诉求。"宪法的作用即宪法的效用或称宪法的功能、功用,是宪法满足人的某种需要及对其他事物产生的影响和由其影响

---

① 　林来梵:《宪法审查的原理与技术》,法律出版社 2009 年版,第 15 页。
② 　[日]杉原泰雄:《宪法的历史——比较宪法学新论》,吕昶、渠涛译,社会科学文献出版社 2000 年版,第 1 页。
③ 　张淑芳:《宪法运作的实证分析》,山东人民出版社 2011 年版,第 113 页。

而带来的结果。宪法作用是宪法价值的体现。"①"宪法价值通过宪法作用来体现,宪法作用是宪法应有价值的外在实现。宪法作用是指宪法以其自身的活动对人们行为和社会关系的实际影响。"②首先,宪法就国家之作用更多地指向国家权力,要让国家权力资源实现合理配置。相对合理的国家权力配置机制体现在三个方面:其一,确保社会各阶级或者各阶层在权力资源占有份额上的大致平衡;其二,确保国家权力资源的分配在不同地域之间的大致均衡;其三,确保国家权力资源的分配在中央与地方之间大致均衡。③ 其次,宪法就公民之作用更多地指向公民的宪法意识,要让公民的宪法意识在内容与层次上皆得以增强。"宪法意识是与宪法主体的个性心理特征(品质)相连的、宪法主体有关宪法现象的认知、情感和意志的总和。在内容上包括宪法知识、宪法评价、宪法要求;在层次上包括宪法心态、宪法观念(狭义)、宪法理论。"④最后,宪法就社会(和谐社会)之作用更多地指向法治所需社会基础和社会环境的形成,要实现社会有机团结、构建公平公正的法治环境。其一,就社会基础而言。有机团结产生于个人的差异性而不是一致性,它是劳动分工的产物,是一种在社会自身发展过程中生成的团结机制。通过这种组织形式,每个人都因职能分工的不同而发挥着不同于他人的独特能力。每个成员都意识到自己是一个单独的个体,必须依赖他人,这就造成人们彼此的相互依赖感、团结感和自己与组织的联系感。⑤ 我国社会应在宪法作用下逐步向"有机团结"的和谐社会进化。其二,就社会环境而言。"法治是有其特定价值基础和价值目标的法律秩序。其最低限度的价值基础和目标包括:(1)法律必须体现人民主权原则;(2)法律必须承认、尊重和保护公民的普遍权利与自由;(3)法律面前一律平等;(4)法律承认利益的多元化,对一切正当利益施以无差别

---

① 杨海坤、上官丕亮、陆永胜:《宪法基本理论》,中国民主法制出版社 2007 年版,第 115—116 页。

② 吴家清、杜承铭:《宪法学》,科学出版社 2008 年版,第 40、42 页。

③ 参见江国华:《和谐社会的宪政价值》,《法学论坛》2005 年第 4 期。

④ 刘茂林:《中国宪法导论》,北京大学出版社 2009 年版,第 60—61 页。

⑤ 参见[法]埃米尔·涂尔干:《社会分工论》,渠东译,生活·读书·新知三联书店 2000 年版,第 89—92 页。

的保护。"①公平公正的法治环境即全社会主张法律主治、依法而治所形成的特定意义上的社会环境,是文明化社会管理的制度特征与事实依据。我国应在宪法的作用下逐步构建这样的社会环境。

政治、经济、文化表征着宪法价值目标对践行领域的诉求。领域作为一种社会活动的范围,是人为了与社会实现调和以达到预期社会福利目标而作出行为的具体方面。"在一种社会设法调和个人自由与社会凝聚,调和一种内在性秩序的意义和超验性批评的可能性的范围内,它可以解决这种秩序的危机。这种调和变得愈完善,社会中新出现的相互作用的法律就愈是可以揭示人性和社会共存的需要。"②宪法就是迎合这种调和需要而指引人们行为的根本准则。当然,"社会福利的许多问题不直接是我们所考虑的法律领域的问题,或者不是首先由判决有效提出的问题"。③ 最终需要包括宪法、土地整理立法在内的各位阶法现象共同发挥作用,通过所指引之人在政治、经济、文化领域的具体行为,而解决社会福利相关问题以达到预期目标。首先,宪法在政治领域的作用主要表现为"宪法是政治法"④。具体包括:规范与制约权力;规定国家体制;设定政府机构的职能并规制其行为;调整政府与公民的关系;管理国家等。其次,宪法在经济领域的作用主要通过宪法对经济制度的规定显现出来。具体包括:经济制度的目的;所有制形式;分配制度;经济管理体制;基本经济政策;对公民和其他经济主体经济权利的保护等。最后,宪法在文化领域的作用主要通过宪法对文化制度的规定显现出来。具体包括:文化制度的目的;教育制度;科技制度;医疗卫生制度;体育制度;文艺政策;宗教制度;新闻出版制度;对公民和其他文化主体文化权利的保护等。

（二） 宪法价值关系

"事实关系就是指事物之间客观存在的、不以人的意志为转移的相互

---

① 张文显:《法哲学范畴研究(修订版)》,中国政法大学出版社 2001 年版,第 155—156 页。
② [美]R.M.昂格尔:《现代社会中的法律》,吴玉章、周汉华译,凤凰出版传媒集团、译林出版社 2008 年版,第 222 页。
③ [美]迈克尔·D.贝勒斯:《法律的原则——一个规范的分析》,张文显、宋金娜、朱卫国、黄文艺译,中国大百科全书出版社 1996 年版,第 426 页。
④ 刘茂林:《中国宪法导论》,北京大学出版社 2009 年版,第 13—14 页。

联系与相互作用。价值关系是指事实本身相对于主体的生存与发展所体现的作用,是指那些带有主体目的色彩的事实关系。"①宪法价值关系即带有宪法主体目的色彩的宪法事实关系,是实现宪法价值目标的基本依托,"是主体为创造和实现宪法价值而与客体发生的关系"②。近年来学界就宪法价值关系的研究大致可分为"主体核心说"和"主客体互动说"两类。

1. 主体核心说

该观点是目前学界占据主流地位之"主体性宪法价值理论"③的逻辑起点,主要从宪法主体视角切入分析宪法价值关系,强调主体需求在宪法价值关系中的主导地位。"宪法价值是潜含着主体价值需要的宪法在与主体相互作用过程中对主体发生的效应。"④"宪法价值是通过宪法主体的宪法实践活动而实现的宪法的客观属性与宪法主体对宪法的主观需求之间的相互关系,它包括宪法主体价值需求的宪法化和宪法满足宪法主体需求的价值化两个方面。"⑤

本类观点解构的宪法价值关系实际是一种二元的宪法价值关系体系,基于主体需求而凸显宪法主体与客体宪法之间的"镜面效应"。然而两者之间真的仅是一种应然状态下的理想互动? 其互动的过程为何? 互动过程中若发生"二律背反"又如何? "主客体互动说"则应运而生,成就"主体核心说"的升级或改良。

2. 主客体互动说

主要从主体、客体、主客体互动中介(内容)三方面切入研究,强调主客体互动在宪法价值关系中的核心地位。"宪法价值关系主体是参加宪法价值关系,创造、实现、接受宪法价值的人及其群体、集合体。宪法价值关系客体是与主体发生相互作用并对主体发生效应的对象,即指宪法。宪法价值

---

①　仇德辉:《数理情感学》,湖南人民出版社 2001 年版,第 101 页。

②　吴家清:《论宪法价值关系的要素》,《河北法学》1999 年第 3 期。

③　潘弘祥:《宪法的社会理论分析》,人民出版社 2009 年版,第 305 页。

④　吴家清:《论宪法价值的本质、特征与形态》,《中国法学》1999 年第 2 期。

⑤　何殿英、邵东华:《论宪法价值的概念与特征》,《河南省政法管理干部学院学报》2007 年第 5 期。

关系的中介就是宪法价值关系主体与客体间相互作用的手段。"①"宪法的价值评价就是对特定的宪法及其作用进行价值判断,包括宪法立法评价和宪法作用评价。"②"宪法价值的主体就是公民、国家(国家机关)、民族、政党和各种利益集团等宪法关系主体。宪法价值的客体就是宪法价值主体在宪法运行过程中所共同指向的对象。宪法价值的内容包括宪法对于人的需要的满足和人对于宪法的期望和评价两个方面。"③"宪法价值这一范畴至少应包括三个方面的含义:宪法在实施过程中能够保护和促进哪些价值;宪法本身所具有的价值因素;宪法的价值评价标准。"④

本类观点较"主体核心说"更为周延。一方面将客体宪法的内涵作了"静态"、"动态"之二元划分;另一方面以宪法的价值评价回应了前述互动过程中可能的"二律背反"问题,并基于客体宪法的二元性设计了包括宪法立法评价和宪法作用评价的复合型宪法价值评价体系。但目前的"主客体互动说"在互动过程的研究上仍显片面。价值评价仅是互动过程的单向侧面,来自宪法主体基于主观需要的有效表达又当如何实现呢? 只有主体的宪法要求和价值评价成为了宪法价值关系互动过程的双向侧面,方能实现宪法价值关系中主体与客体之间的有机互联、互通。

综上所述,应基于"主客体互动说"以宪法要求和价值评价为媒介生成主客体间的双向互动过程而构建宪法价值关系。宪法价值关系主客体互动是以宪法价值关系主体(宪法主体)为核心,面向宪法价值关系客体(成文宪法)进行的双向互动。整个互动过程主要分为四个步骤:第一,主体基于主观需要和对客体的认知而提出宪法要求;第二,宪法要求作用于客体并导致其发生改变;第三,主体基于对改变后客体的认知并参照之前的宪法要求就改变后客体文本及其作用进行价值判断;第四,主体基于价值判断的结果并结合主观需要和对客体的认知产生新的宪法要求。新的宪法要求又作用于客体并导致其发生改变而进入后续步骤,如此互动即成为一个周而复始的循环过程。"主客体之间的相互关系,就是它们的相互作用。主客体相

① 吴家清:《论宪法价值关系的要素》,《河北法学》1999 年第 3 期。
② 董和平:《论宪法的价值及其评价》,《当代法学》1999 年第 2 期。
③ 陈驰:《宪法价值的规定性》,《成都理工大学学报(社会科学版)》2004 年第 4 期。
④ 周叶中:《宪法》,高等教育出版社、北京大学出版社 2005 年版,第 156 页。

互作用构成广义的人类实践,大到整个人类世界、全部社会历史,小到人们日常的每项活动细节,无不在于其中。其内容丰富多彩,其形式千变万化。"①

二、宪法道德性价值

（一）宪法价值要素

宪法价值要素即宪法作为一种法现象所蕴含的具体道德性观念与标准。

1. 宪法价值要素的各种观点

学界就宪法价值要素的研究大致可分为"单一要素说"和"复合要素说"两类。

（1）单一要素说。主要包括四种观点:其一,正义要素。"公平是宪法的基本价值取向。宪法的公平价值取向是提高人类整体生活质量的基础和前提。宪法的公平价值取向是人类社会发展的必然要求。"②其二,民主要素。"宪法的价值就在于以民主方式规范政治秩序,其核心就是民主。"③其三,人权要素。"宪法首要的价值是人权的保障,是对人类和平的保护。"④"宪法的终极价值追求是保障人权。"⑤其四,个人自由秩序要素。"宪法基本价值就在于保障个人自由的秩序,有了宪法规范所保障的个人自由,秩序也就自然达致,宪法下的个人自由本身意味着秩序,这是经验的理解,也是本文所理解的普世性宪法基本价值之规范含义。"⑥

本类观点无论所取何种要素,皆建立在"基本价值"、"核心价值"、"首要价值"或"终极价值"的前提下,强调"单一要素"的同时并不否定其他要素的存在。虽凸显了价值要素的位阶,但在自足性上存在欠缺。"非基本、非核心、非首要、非终极"的价值要素还有哪些? 其范畴边界为何? 这些问

---

① 李德顺:《价值论》(第2版),中国人民大学出版社2007年版,第50页。
② 范毅:《公平:宪法的基本价值取向》,《中国人民大学学报》1999年第1期。
③ 董和平:《论宪法的价值及其评价》,《当代法学》1999年第2期。
④ 韩大元:《简论现代科学技术价值与宪法价值的冲突》,《法学家》2000年第3期。
⑤ 吴家清、杜承铭:《宪法学》,科学出版社2008年版,第17页。
⑥ 陈雄:《宪法基本价值研究》,山东人民出版社2007年版,第57页。

题并未予以清晰回答。不过四种"单一要素"的提出,却为厘清宪法价值要素结构指明了方向,正义、民主、人权、秩序于宪法价值要素中的地位皆不容忽视。

(2)复合要素说。多样化的宪法主体需求造就复合的宪法价值要素。"宪法的形式价值则是为了实现实体价值。宪法两重价值的整合而形成宪法主治。"①"宪法的价值是人们对宪法产生的预期需求,包括正义、自由和秩序。"②宪法价值是指作为客体的宪法在与作为主体的人相互作用过程中对主体发生的效用或效益。其核心为民主,也包括人权、自由、安全(秩序)。③ 宪法价值,应该是社会公众对宪法矛盾运动效应产生的观念形态的预期需求。宪法的价值构成:正义、自由和秩序。宪法的价值内涵:社会正义,是评价宪法价值的总标准。④ 宪法价值是指宪法作为特殊部门法对人类社会所特有的规范目标和社会意义。民主是宪法的核心价值,正义、秩序和自由是宪法的基本价值。⑤ 宪法价值是主体对宪法赋予的期望及基于宪法的属性而对主体的满足及对宪法发挥效用的评价。具体包括以下几方面:正义、秩序、人权。正义是首要价值,秩序是基础价值,人权是核心价值。⑥ 宪法价值就是标志着人与宪法的关系的特殊范畴,是宪法对于人的意义,包括宪法对于人的需要的满足和人对于宪法的期望和评价的关系。包括秩序、自由、正义三种基本价值。⑦ "宪法价值是指宪法以其民主化的制度保障,在人类追求宪政秩序、弘扬社会正义、促进社会发展和实现基本人权过程中所应具有的价值指标,包括:人民主权、宪政秩序、社会发展和社会正义。"⑧"宪法是国家根本法,自由、平等、民主、人权以及相应的社会秩

---

① 胡伟:《宪法价值论》,《法律科学》1997 年第 2 期。
② 朱福惠:《宪法价值与功能的法理学分析》,《现代法学》2002 年第 3 期。
③ 文正邦:《宪法学教程》,法律出版社 2005 年版,第 121 页。
④ 范毅:《论宪法价值的概念、构成与内涵》,《甘肃政法学院学报》2005 年第 5 期。
⑤ 王月明:《宪法学基本问题》,法律出版社 2006 年版,第 64 页。
⑥ 参见杨海坤、上官丕亮、陆永胜:《宪法基本理论》,中国民主法制出版社 2007 年版,第 110—115 页。
⑦ 参见李希昆、刘运亚:《宪法学》,重庆大学出版社 2007 年版,第 90、92—93 页。
⑧ 吴家清、杜承铭:《宪法学》,科学出版社 2008 年版,第 40 页。

序是其基本价值。"①

本类观点所界定的宪法价值要素大体上可分为七组:"人民主权、秩序";"正义、自由、秩序";"民主、人权、自由、安全(秩序)";"民主、正义、秩序、自由";"正义、秩序、人权";"人民主权、宪政秩序、社会发展、社会正义";"自由、平等、民主、人权、秩序"。综合比较可见:"秩序"皆为七组要素所取,堪称宪法第一价值要素;以下依次为"民主(人民主权)"(为五组要素所取),"正义(公平)"、"自由"(为四组要素所取),"人权"(为三组要素所取),"平等"、"发展"(为一组要素所取)。若依据《世界人权宣言》第1、2、3、7、22、29 条关于"自由"、"平等"、"发展"的规定,进行范畴之包含与被包含比较,可发现"自由"、"平等"、"发展"的范畴皆包含于"人权"范畴中。因此在宪法价值要素界定中不妨以"人权"统辖"自由"、"平等"、"发展",而能更清晰地梳理学界各种观点。

综上所述,"复合要素说"更能适应当下所呈现之更趋多样化的主体需求。基于"单一要素说"指明的方向,比较"复合要素说"各种观点可得出如下结论:宪法价值要素应为民主、人权、正义和秩序。若定要为这四要素理出"位序"(按宪法价值在社会政治生活中的重要性所排定的先后次序)②,则皆当属同一位序而在宪法价值要素结构中发挥不同的作用,民主是逻辑起点、人权是终极目的、正义是实现手段、秩序是基本保障。

2.宪法价值要素之诠释

萨托利就"民主"的内涵予以了最经典的界定:"民主作为一种政治形态,其核心始终是政治权力问题;在复杂庞大的现代社会,以公民亲自参与政治决策为基础的直接民主只能导致效率低下、权威贬值的政治后果;现代民主只能是'被统治的民主',其关键在于有效制约统治的少数。"③宪法对"民主"的保护和促进主要体现在:首先,宪法在保护人权的基础上规定了公民的政治权利,为公民参与公共生活提供了法律保障;其次,宪法规定了公民参与政治的途径和程序,使公民的参政权得以具体化和现实化;最后,

_____

① 刘茂林:《中国宪法导论》,北京大学出版社 2009 年版,第 42 页。
② 徐继超:《我国当代社会主义宪法价值的位序研究》,《理论与改革》2009 年第 3 期。
③ [美]乔万尼·萨托利:《民主新论》,冯克利、阎克文译,世纪出版集团、上海人民出版社 2009 年版,第 5 页。

宪法还规定了国家机关产生和运作的基本规则,以规制国家权力的行使。①
作为宪法核心价值的"民主"也往往被限定为"人民主权","主权只有一个
可能的拥有者,那就是人民;国家只能有一种形式,那就是民主制。"②宪法
的人民主权价值主要表现为:首先,宪法确认主权和国家一切权力属于人
民;其次,宪法将人民主权外化为公民权利;最后,宪法通过一定的制度构建
为人民参与政治并实现其权利提供途径。③

霍菲尔德认为"权利"就是"法律所确认和保障的请求权(claim)"④。
"人权是人被作为人来对待的权利。法是人的制造物,从其一产生开始就
被赋予了维护和实现人权的使命。"⑤宪法作为实现权利确认和保障的根本
法,也当然地将人权价值视为其终极目的。"就基本权利的保障乃是整个
宪法价值体系的核心这一点而言,目前我国的宪法学界正在不断形成广泛
的共识。"⑥"宪法对人权的保护和促进作用主要表现为:一方面,宪法规定
并不断丰富着人权的内涵。另一方面,宪法对人权进行了严格保护。"⑦总
体而言,宪法人权价值应包括两点确认:其一,权利最大化;其二,维护公民
权利与社会秩序、个体利益与公共利益之间的平衡。

罗尔斯以最简明的方式将"正义"概括为:"通过调节主要的社会制度,
来从全社会的角度处理这种出发点方面的不平等,尽量排除社会历史和自
然方面的偶然任意因素对于人们生活前景的影响。"⑧当然,正义价值中的
平等并不是绝对的,"平等和公平包括两个因素——公平地分配负担和机
会平等。虽然负担和机会平等是假定的,但它们可能让位给某些考

---

① 参见吴家清、杜承铭:《宪法学》,科学出版社 2008 年版,第 42 页。

② [美]小查尔斯·爱德华·梅里亚姆:《卢梭以来的主权学说史》,毕洪海译,法律出
版社 2006 年版,第 21—22 页。

③ 参见吴家清、杜承铭:《宪法学》,科学出版社 2008 年版,第 40 页。

④ W.N.Hohfeld, *Fundamental Legal Conceptions*, New Haven: Yale University Press,
1964, p.38.

⑤ 卓泽渊:《法的价值论》(第二版),法律出版社 2006 年版,第 331 页。

⑥ 林来梵:《从宪法规范到规范宪法——规范宪法学的一种前言》,法律出版社 2001
年版,第 70 页。

⑦ 吴家清、杜承铭:《宪法学》,科学出版社 2008 年版,第 42 页。

⑧ [美]约翰·罗尔斯:《正义论》,何怀宏、何包钢、廖申白译,中国社会科学出版社
1988 年版,第 6 页。

虑——这些考虑表明待遇方面的差别是适当的。"①就相对正义下的不平等事实,在尊重现实同时更多地需要面向绝对正义的不断努力。"潜藏在正义观念的这些不同用法的一般性原理在于,每个个体都有权要求平等或不平等的某种相对地位。在沧海桑田的社会生活中,在分配负担或利益时,我们必须尊重这个原理,当它受到干扰时,也应该努力修复它。"②宪法作为根本法,无论在实质方面还是形式方面,就正义的实现都具有极其重要的作用。首先,宪法通过民主的基本方式来分配社会利益。当然这样的方式也只能做到相对的公平、合理,而能够满足或相对满足大多数人的利益要求。其次,宪法所规定的权力运行和权利实现的程序可以弥补实质正义在实现中可能的不足。即使利益的分配结果不公正,但可参照已知的程序来调整行为而获得就分配上的相对公正。最后,宪法可以协商、纠正在实现正义价值过程中出现的矛盾和偏差,而促进正义价值的最大发挥。③

　　博登海默就"秩序"概念给出了最精辟的定义:"秩序概念,意指在自然进程与社会进程中都存在着某种程度的一致性、连续性和确定性。"④当这样的"一致性、连续性和确定性"进入公共生活则表现为政治秩序和经济秩序,"政治秩序指的乃是一种目标,而非某种现实"。⑤"在政治领域的秩序状态是与政治统治主体及主客体关系的秩序状态相连的,一是确立起的统治阶级所需要的法律体系,二是以法律为形式肯定的统治阶级的政治统治地位,三是以此为基础建立的社会政治制度。在经济领域的秩序状态先是以所有制为基础的社会基本经济制度,接着是有关生产、交换、分配、消费等

---

① ［美］迈克尔·D.贝勒斯:《法律的原则——一个规范的分析》,张文显、宋金娜、朱卫国、黄文艺译,中国大百科全书出版社 1996 年版,第 422 页。
② ［英］哈特:《法律的概念(第二版)》,许家馨、李冠宜译,法律出版社 2011 年版,第145 页。
③ 参见吴家清、杜承铭:《宪法学》,科学出版社 2008 年版,第 41 页。
④ ［美］E.博登海默:《法理学:法律哲学与法律方法》,邓正来译,中国政法大学出版社 2004 年版,第 227—228 页。
⑤ ［美］塞缪尔·P.亨廷顿:《变化社会中的政治秩序》,王冠华、刘为等译,上海世纪出版集团 2008 年版,第 XIII 页。

过程和谐运转的具体经济体制。"①人们对有序生活的渴求促成了政治秩序、经济秩序与法律、宪法相结合,而成其为法律、宪法的基本价值。"法律试图通过把秩序与规则性引入私人交往和政府机构运作之中的方式而在无政府状态和专制政体这两种社会生活的极端形式之间维持一种折中或平衡。"②"与法律永相伴随的基本价值,便是社会秩序。"③"近现代宪法就是为了满足协调型秩序建构的需要而产生的。建立适应一定社会经济基础和意识形态的政治秩序,不仅是宪法促进其他各种社会价值的重要手段,也是近现代以来人类社会生活的基本价值目标。"④宪法的秩序价值往往表现为合宪的行为方式所表征的宪法行为秩序和权利、权力关系形态所表征的宪法关系秩序。

（二） 宪法价值要素的渊源

宪法价值要素的渊源即产生宪法所蕴含具体道德性观念与标准的根源和基础。

1.宪法主体视角之人性

事实上康德就此早有论断,将个人享有权利的原因归结为人性。"自由作为每个人所拥有的唯一原初性的权利来自于人作为理性存在物的本质。"⑤学界就宪法价值要素渊源的研究也主要从"人性"视角展开,认为"人性是宪法价值发生的根源,是宪法价值发生的重要基础"。⑥ "人性的基本需求决定了宪法的基本价值所在,宪法的规范性就在于宪法与人性基本需要之吻合,这个简单而朴素的道理是规范宪法学的起点。"⑦"宪法价值哲学的历史形成和发展,离不开人性之于宪法的基础作用:自然人性观通过

① 王浦劬:《政治学基础》,北京大学出版社 1995 年版,第 169—170 页。
② ［美］E.博登海默:《法理学:法律哲学与法律方法》,邓正来译,中国政法大学出版社 2004 年版,第 246 页。
③ ［美］彼得·斯坦、约翰·香德:《西方社会的法律价值》,王献平译,中国法制出版社 2004 年版,第 45 页。
④ 王月明:《宪法学基本问题》,法律出版社 2006 年版,第 65 页。
⑤ Vgl. Immanuel Kant, *Grundlegung zur Metaphysik der Sitten*, Frankfurt am Main: Suhrkamp Verlag, 1974, pp.88-89.
⑥ 吴家清:《论宪法价值发生的人性基础》,《广东商学院学报》2001 年第 1 期。
⑦ 陈雄:《宪法基本价值研究》,山东人民出版社 2007 年版,第 47 页。

'法治优先论'孕育了古代宪法的萌芽;理性人性观以'有限政府论'促成了近代宪法的形成;社会人性观则以'社群主义论'激发了现代宪法的发展。"①

这类观点正是前述"主体性宪法价值理论"的典型观点,其以主客体关系为认知基础而分析人性如何成为宪法价值要素的根源和基础。人性当然是宪法价值要素的渊源,但人性是否就是宪法价值要素唯一的渊源?民主、人权、正义和秩序作为宪法价值要素在源自人性的同时是否还存其他渊源?"我们对于每一种德的感觉并不都是自然的;有些德之所以引起快乐和赞许,乃是由于应付人类的环境和需要所采用的人为措施或设计。我肯定正义就属于这一种,人为的德。"②"人类是大大地受想象所支配的,而且他们的感情多半是与他们对任何对象的观点成比例的,而不是与这个对象的真实的、内在的价值成比例的。这就是人们所以宁取任何现实的些小利益而不顾到维持社会秩序的缘故;虽然社会的秩序是那样地依赖于正义的遵守的。"③休谟已经隐晦地指出正义就是一种人为的德,人之所以践踏秩序正是因逐利这种人性的缺点而使然,进而很好地印证了"正义和秩序源自人性"的主流观点。

2. 客体宪法视角之纯粹的宪法、宪法规范

若从客体宪法视角出发,超越人性,单独将宪法作为一种纯粹的法现象,可否从中解构出宪法价值要素的一部分?凯尔森的纯粹法理论或许能提供些许线索。"纯粹法理论乃一实在法理论,其唯一目的在于认识其对象。纯粹法理论所试图回答的问题乃是'法之实然'而非'法之应然'。后者乃是政治问题,而纯粹法理论则是一门科学。将法的概念从正义观念中解放出来诚属不易,纯粹法理论就是一种试图将法与正义作为两个不同问题来研究的努力。"④宪法也是法,将宪法的概念从正义的观念中解放出来而建构纯粹的宪法又有何不可?就超越政治问题的科学角度而言,宪法对

① 陈驰:《宪法价值哲学的历史纬度——对西方宪法人性基础的反思》,《四川师范大学学报(社会科学版)》2008 年第 4 期。
② [英]休谟:《人性论(下册)》,关文运译,商务印书馆 1980 年版,第 517 页。
③ [英]休谟:《人性论(下册)》,关文运译,商务印书馆 1980 年版,第 575 页。
④ [奥]凯尔森:《纯粹法理论》,张书友译,中国法制出版社 2008 年版,第 275 页。

民主制度和人权的发展提供有效的保障。宪法规范表现为根本性的法律规范，具体调整宪法关系。区别一般法律规范之处在于宪法规范具有的自身特点，即宪法规范的政治性、限制性、最高性、适应性、制裁性、历史性。① 往往通过宪法规范的具体表述来显现宪法对民主和人权的保障，人权堪称宪法的基本目的，民主事实的法律化则可谓是宪法的精神实质。在纯粹的法、法规范基础上之所以还要以"高级法"、"根本法"的形式有所区别地诞生纯粹的宪法、宪法规范，就在于纯粹的宪法、宪法规范与民主、人权的天然关联。正是因为对民主、人权的专门性、系统性、权威性地确认、规制而让纯粹的法、法规范得以成为纯粹的宪法、宪法规范，故而纯粹的宪法、宪法规范也应成为民主、人权于人性以外的第二渊源。

综上所述，人性当然造就了人对民主、人权、正义、秩序这些宪法价值要素的期许，但纯粹的宪法、宪法规范在民主、人权要素的产生中发挥的作用也不应被忽视。宪法价值要素的渊源应是二元的，要既从宪法主体视角切入分析，又从客体宪法视角展开研究。

第二节　我国土地整理立法体制的宪法依据

界定我国土地整理立法体制的宪法依据就是厘清我国宪法在立法体制上的明确指引（即宪法立法体制规范）。我国宪法立法体制规范分别存在于宪法典和立法法中，各自就立法主体、立法权限问题作出了明确规定。就相关规定的实施性和可操作性而言，立法法规定系宪法典规定的具体化，故立法法规定当属立法体制的直接性宪法依据，宪法典规定则属立法体制的间接性宪法依据。应运用规范实证分析方法对其逐次诠释，首先厘清相关立法主体、立法权限规定的字面意义与隐含意义，进而分析其生成的规范命题与理论指引，最终回答"立法依据宪法的什么立法体制规范"问题，而在其基础上根据相关宪法规范确立我国土地整理立法体制并推动其完善。

---

① 参见韩大元：《宪法学基础理论》，中国政法大学出版社 2008 年版，第 69、82、84—88 页。

一、立法主体规定

洛克将立法权界定为"得自人民的一种委托权力,享有这种权力的人就不能把它让给他人。立法权是指享有权利来指导如何运用国家的力量以保障这个社会及其成员的权力"。① 通过行使立法权,"立法机关把分歧融合成法律行动,并且从中作出决定。他们在明确的党派观点及其成员投票的基础上制定法律"。② 以立法权为标准,结合各国实践大致可将世界各国的立法主体归纳为以下五类:"(1)具有代表性质的权力机关,即议会。(2)具有管理性质的行政机关,即政府。(3)具有创制判例性质的司法机关,即法院及法官。(4)被国家机关授权或由法律规定的社会组织、团体。(5)由宪法和法律规定的享有全民公决权或立法复决权的公民个人。"③可从规范主义与经验主义的视角来解析我国宪法典和立法法所规定的立法主体。

(一)规范主义视角下的立法主体

宪法典第58条、第89条第1项、第90条第2款、第100条、第116条是我国立法主体的原则性规定。这些规定将我国拥有立法权的立法主体界定为:"全国人民代表大会及其常务委员会;国务院;国务院各部、各委员会;省、直辖市的人民代表大会及其常务委员会;民族自治地方的人民代表大会。"立法法第7条、第56条、第63条、第66条、第71条、第73条、第93条是我国立法主体的具体性规定。这些规定将我国拥有立法权的立法主体界定为:"全国人民代表大会及其常务委员会;国务院;省、自治区、直辖市和较大的市的人民代表大会及其常务委员会;民族自治地方的人民代表大会;国务院各部、委员会、中国人民银行、审计署和具有行政管理职能的直属机构;省、自治区、直辖市和较大的市的人民政府;中央军事委员会和中央军事委员会各总部、军兵种、军区。"

上述规定所界定的立法主体大体上是一种规范主义视角下的立法主体。规范主义视角下"法律被认为是直接向法律主体强加义务使之履行法

① [英]洛克:《政府论(下篇)》,叶启芳、瞿菊农译,商务印书馆1996年版,第88—89页。
② [美]杰里米·沃尔德伦:《法律与分歧》,王柱国译,法律出版社2009年版,第30页。
③ 朱力宇、张曙光:《立法学》,中国人民大学出版社2006年版,第119页。

律规定的行为的规范"①,立法只能是由这种法律规范规定或授权的一种活动。从规范主义视角来界定立法主体是目前我国学界的主流观点,皆以立法权为核心,强调依法拥有立法权是各类宪法主体能成为立法主体的必备要件。如:"立法主体是立法关系中依法享有立法职权并承担立法责任的国家机关、组织或个人。"②"立法主体是指根据宪法和有关法律规定,有权制定、修改、补充、废止各种规范性文件以及认可法律规范的国家机关、社会组织、团体和个人。"③"立法主体乃是根据宪法、法律规定或宪政惯例,有权制定、修改、补充、废止各种规范性法律文件及认可法律规范的国家机关、社会组织、团体和个人。"④"立法主体就是指立法权的承担者。"⑤"立法主体是指根据宪法和有关法律规定,有权制定、修改、补充、废止各种规范性法律文件以及认可法律规范者。"⑥"立法主体就是指根据宪法和法律规定或授权,有权制定、修改、认可、补充和废除具有法的效力的法律规范的各级各类国家机关。"⑦"立法主体是根据宪法和法律规定或授权,有权制定、修改、废止、解释规范性法文件的政权机关或其他社会组织、团体。"⑧故而我国立法主体被严格限定为由宪法和法律规定享有立法权的主体或被有效授权的主体,即分布于国家权力机关、国家行政机关和国家军事机关中的法定立法主体,国家审判机关、国家检察机关、社会组织、公民都不属于法定立法主体。

(二)经验主义视角下的立法主体

宪法典第 2 条、第 3 条是我国立法主体的本源性规定。第 2 条规定的人民代表大会制政体既决定了我国立法主体的构成,也决定了这些立法主体与人民的关系。其一,就立法主体的构成而言,人民代表大会是我国最核心的立法主体,拥有最基础的立法权。其他各类立法主体皆由它产生、对它

---

① [英]约瑟夫·拉兹:《法律体系的概念》,吴玉章译,中国法制出版社 2003 年版,第 147 页。
② 曹海晶:《中外立法制度比较》,商务印书馆 2004 年版,第 68—69 页。
③ 朱力宇、张曙光:《立法学》,中国人民大学出版社 2006 年版,第 116 页。
④ 黄文艺:《立法学》,高等教育出版社 2008 年版,第 40 页。
⑤ 刘莘:《立法法》,北京大学出版社 2008 年版,第 122 页。
⑥ 侯淑雯:《新编立法学》,中国社会科学出版社 2010 年版,第 152 页。
⑦ 杨临宏:《立法法:原理与制度》,云南大学出版社 2011 年版,第 34 页。
⑧ 徐向华:《立法学教程》,上海交通大学出版社 2011 年版,第 89 页。

负责、受它监督,各自所拥有的立法权皆源自人民代表大会所拥有的立法权。其二,就立法主体与人民的关系而言,包括人民代表大会在内的各类立法主体都是人民行使国家权力的途径,人民通过这些立法主体使自己的利益与意志体现于各位阶的立法中。第 3 条规定的民主集中制原则是我国各类立法主体组织、活动的原则。在拥有立法权的各级人民代表大会之间、在拥有立法权的人民代表大会与其他立法主体之间、在拥有立法权的其他立法主体之间,在各类立法主体进行立法活动过程中,在充分发挥各自主动性、积极性同时,皆要严格遵循个人服从组织、少数服从多数、下级服从上级、地方服从中央的民主集中制原则。

基于上述立法主体本源性规定,并依循立法法第 5 条"立法应当体现人民的意志,发扬社会主义民主,保障人民通过多种途径参与立法活动"之规定,可就立法主体作一定范围的经验主义视角解读。马克斯·韦伯将政治科学的研究导向经验主义视角并使之成为主要的研究范式。"按照韦伯的观点,由命令和服从构成的每一个社会活动体制的存在,都取决于它是否有能力建立和培育对其意义的普遍信念;任何一种体制如能保证以这种方式达到再现的程度,才能说是合法的。"[1]经验主义视角下强调从社会活动体制的实际存在状态出发来界定立法主体,衡量立法主体的标准除了宪法、法律规定或被有效授权外,还应包括对立法活动起到实质性作用或产生重要影响。

也有部分我国学者从经验主义视角来界定立法主体,将不具有法定立法权但能就立法起到实质性作用或产生重要影响的国家机关、社会组织、公民纳入立法主体范围。如:"立法主体是在立法活动中具有一定职权、职责的立法活动参与者,以及虽不具有这样的职权、职责,却能对立法起实质性作用或能对立法产生重要影响的实体。现代意义上的立法主体就是各种有权参与或实际上参与立法活动的机关、组织和人员的总称。"[2]"按照功能说,立法主体就是有权参与或实际参与立法活动的机关、组织和人员的通

---

① [英]约翰·基恩:《公共生活与晚期资本主义》,马音、刘利圭、丁耀琳译,社会科学文献出版社 1999 年版,第 285 页。
② 周旺生:《立法论》,北京大学出版社 1994 年版,第 288 页。

称。简单地否定或忽视功能说,仅注意法的形式上的立法主体,不符合从来的立法实践,也不利于充分发挥各方面立法主体的作用,特别是不利于对那些实际上的立法主体予以制约,因而对走向法治的中国立法亦有弊病。"①"立法主体是拥有法定立法权的主体或者能够对立法产生实质性影响的机关、组织、团体和个人。"②"为了更大限度地实现立法价值,立法主体也应当是多元的。而为了保障所有立法主体参与立法行为的合法性,除对立法机关立法主体的地位给予确认外,也应对其他立法主体的地位给予法律确认。在此,要明确的是作为国家机关所行使的是立法的权力,而其他社会组织和个人是参与立法过程,他们是享有立法的权利,而不是行使立法权。"③

基于人民主权原则,我国公民有权通过各种途径和形式参与立法活动,以在政治、经济、文化领域就国家、公民、社会实现有效管理。基于人民代表大会制度下国家权力机关的授权,最高人民法院、最高人民检察院可在审判、检察过程中对适用法律问题作出具有法律效力的阐释和说明,司法解释同样能影响立法的适用活动。故而经验主义视角下我国的立法主体可在法定立法主体的基础上,通过立法参与的实现而扩张至国家审判机关、国家检察机关、社会组织、公民这样的其他立法主体。

综上所述,宪法立法主体规定的字面意义为规范主义视角下的立法主体,即分布于国家权力机关、国家行政机关和国家军事机关中的法定立法主体;宪法立法主体规定的隐含意义为经验主义视角下的立法主体,即通过立法参与的实现而扩张至国家审判机关、国家检察机关、社会组织、公民这样的其他立法主体。宪法立法主体规定生成的规范命题为狭义的法定立法主体和广义的参与立法主体。两类立法主体的理论指引仍回到了"宪法依据"问题,欲践行宪法立法主体规定在规范效力层面应呈现之根本法属性,当厘清"根据宪法立法主体规定如何科学地立法",而结合相关立法(如土地整理立法)之立法主体设定探寻具体的适用路径。

---

① 周旺生:《立法学》,法律出版社 2004 年版,第 87—88 页。
② 张永和:《立法学》,法律出版社 2009 年版,第 40 页。
③ 陈雪平:《立法价值研究——以精益学理论为视阈》,中国社会科学出版社 2009 年版,第 202 页。

二、立法权限规定

立法权限是立法权受到法律限制的结果,哈特就"对立法权力的法律限制"有明确的阐述:"我们必须深入到法律或政治体制的后面观察,它们提示人们所有的法律权力都是有限的,任何人(人们)都不可能处于属于主权者的不受法律限制的地位。这些国家里有不少立法机关,但有时该制度内的最高立法权决非不受法律限制。"①"一部成文宪法可能限制立法机关的权能,这不只是通过规定立法的方式(在这方面,我们可能允许不受限制),而且包括把某些事项从立法权能范围全能排除出去,这就设定了实质限制。"②

目前我国学界有关立法权限的观点大体是一致的,受到法律限制的立法权是立法体制的基石,"立法权限的体系和制度是构成立法体制不可分割的要素"③,皆以立法权的有限性为核心,强调设定立法权的边界并在各类立法主体间划分其行使立法权的范围。如:"立法权限,是包括一个国家中现行全部有关需要由立法加以调整和控制的事项的权力范围。"④"所谓立法权限是指立法主体行使立法职权的法定范围和限制。"⑤"立法权限范围,就是立法主体行使立法权的界限。主要指能在多大范围内行使立法权,应当在多大范围内行使立法权,事实上在多大范围内行使立法权的问题。"⑥"立法权限,是指一个主权国家中现行全部有关需要通过立法方式加以调整、控制和规范的事项的权力范围,即立法主体行使立法职权的权力限度和内容范围。"⑦"立法权限即各个不同立法主体行使权力的合理范围与界限。"⑧"立法权限的量度就是指立法主体行使立法权的权限范围,即某一

---

① ［英]哈特:《法律的概念》,张文显、郑成良、杜景义、宋金娜译,中国大百科全书出版社 1996 年版,第 68 页。
② ［英]哈特:《法律的概念》,张文显、郑成良、杜景义、宋金娜译,中国大百科全书出版社 1996 年版,第 70 页。
③ 张永和:《立法学》,法律出版社 2009 年版,第 62 页。
④ 池海平、巢容华:《立法学研究》,武汉出版社 2003 年版,第 139 页。
⑤ 曹海晶:《中外立法制度比较》,商务印书馆 2004 年版,第 132 页。
⑥ 周旺生:《立法学》,法律出版社 2004 年版,第 129 页。
⑦ 李林:《立法理论与制度》,中国法制出版社 2005 年版,第 304 页。
⑧ 黄文艺:《立法学》,高等教育出版社 2008 年版,第 60 页。

立法主体能在多大的范围内行使属于自身的立法权。"①在此基础上,也有部分学者特别强调立法权限划分问题,专门研究了立法主体之间权力划分的内容与方法。如:"立法权划分是指各有权立法的国家机关分别享有什么样的立法权。"②"立法权限的划分既包括同级的国家权力机关和国家行政机关在横向结构上对立法权限的划分,也包括中央和地方的国家机关在纵向结构上对立法权限的划分。"③"立法体制核心是立法权限的划分。"④"立法权限的划分即各立法主体行使的立法权的范围和性质。"⑤"立法权限是立法主体行使立法权力的边界。在二元(级)或多元(级)立法体制下,为划分不同性质或者级别的立法主体所各自行使的立法权范围,宪法或者宪法性法律通常运用下列划分方法:(1)列举与概括;(2)专有与共有;(3)法律绝对保留和法律相对保留。"⑥

以立法权受法律限制的内容为标准,结合各国实践大致可将世界各国立法权限制度的主要内容归纳为以下四个方面:其一,立法事项之限制,即立法主体只能就哪些范围的事项进行立法。"立法事项,即立法活动所针对或曰应由法律条文所规定的事项。"⑦"立法事项是指有关国家机关有权进行立法的事项,是立法权限的具体体现。当规定某一国家机关享有某种立法权限时,实践上还应当明确它在哪些事项上有立法权,或者应当明确它在哪些事项上没有立法权。"⑧其二,立法形式之限制,即立法主体只能运用何种规范性文件的形式来表现立法事项。其三,立法程序之限制,即立法主体在立法活动过程中只具有哪些程序上的权力和必须经过何种程序。其四,立法适用范围之限制,即立法主体所进行的立法只能在哪些领域或哪些

① 陈雪平:《立法价值研究——以精益学理论为视阈》,中国社会科学出版社 2009 年版,第 209 页。
② 孙敢、侯淑雯:《立法学教程》,中国政法大学出版社 2000 年版,第 79 页。
③ 朱力宇、张曙光:《立法学》,中国人民大学出版社 2006 年版,第 133 页。
④ 刘莘:《立法法》,北京大学出版社 2008 年版,第 107 页。
⑤ 侯淑雯:《新编立法学》,中国社会科学出版社 2010 年版,第 108 页。
⑥ 徐向华:《立法学教程》,上海交通大学出版社 2011 年版,第 125—126 页。
⑦ 曹叠云:《立法事项技术模式刍议》,《人大研究》1993 年第 4 期。
⑧ 朱力宇、张曙光:《立法学》,中国人民大学出版社 2006 年版,第 135 页。

方面产生效力。①

我国宪法典就立法权限作出了原则性规定;立法法就立法事项、立法形式、立法程序作出了明确、清晰的限定,就立法适用范围作出了较为概括的限定。但四类立法权限规定并非皆为真正意义上的实体内容的立法权限划分②,立法权限的形式要件③规定占据多数。立法事项规定即属不多的立法权限实质要件规定,立法形式规定、立法程序规定、立法适用范围规定则属于多数的立法权限形式要件规定。

(一) 宪法典的规定

1. 立法权限的本源性规定

宪法典第 2 条第 2 款、第 3 条第 2、3 款之横向国家管理形式④规定,第 3 条第 4 款、第 4 条第 3 款、第 30 条、第 31 条之纵向国家结构形式规定是我国立法权限的本源性规定。

横向国家管理形式规定所设定的以议行合一原则为基础的人民代表大会制度决定了国家权力在横向层面的立法机关、行政机关、司法机关、军事机关之间如何划分,也决定了立法权力在横向层面的各机关之间以行使国家立法权之全国人民代表大会及其常务委员会为核心的"衍生型"划分模式。

纵向国家结构形式规定所设定的兼具包容性与中国特色的单一制决定了国家权力在纵向层面中央与地方、地方与地方的国家机关之间如何划分,也决定了立法权力在纵向层面的各机关之间以行使国家立法权之全国人民代表大会及其常务委员会为核心的"层层分权型"划分模式。

2. 立法权限的原则性规定

宪法典第 62 条第 3 项,第 67 条第 2、3、4、7、8 项,第 89 条第 1、13、14 项,第 90 条第 2 款,第 100 条,第 116 条是我国立法权限的原则性规定。

这些规定分别就各类立法主体的立法权限进行了大致界定。(1)全国人民代表大会的立法权限:制定和修改刑事、民事、国家机构的和其他的基

① 参见曹海晶:《中外立法制度比较》,商务印书馆 2004 年版,第 132 页。

② 参见李林:《立法理论与制度》,中国法制出版社 2005 年版,第 314 页。

③ 参见李林:《立法理论与制度》,中国法制出版社 2005 年版,第 304、314 页。

④ 参见朱力宇、张曙光:《立法学》,中国人民大学出版社 2006 年版,第 133 页。

本法律。（2）全国人民代表大会常务委员会的立法权限：制定和修改除应当由全国人民代表大会制定的法律以外的其他法律；在全国人民代表大会闭会期间，对全国人民代表大会制定的法律进行部分补充和修改，但是不得同该法律的基本原则相抵触；解释法律；撤销国务院制定的同宪法、法律相抵触的行政法规、决定和命令；撤销省、自治区、直辖市国家权力机关制定的同宪法、法律和行政法规相抵触的地方性法规和决议。（3）国务院的立法权限：根据宪法和法律；改变或者撤销各部、各委员会发布的不适当的命令、指示和规章；改变或者撤销地方各级国家行政机关的不适当的决定和命令。（4）国务院各部、各委员会的立法权限：根据法律和国务院的行政法规、决定、命令，在本部门的权限内发布命令、指示和规章。（5）省、直辖市的人民代表大会及其常务委员会的立法权限：在不同宪法、法律、行政法规相抵触的前提下，可以制定地方性法规，报全国人民代表大会常务委员会备案。（6）民族自治地方的人民代表大会的立法权限：依照当地民族的政治、经济和文化的特点，制定自治条例和单行条例。自治区的自治条例和单行条例，报全国人民代表大会常务委员会批准后生效；自治州、自治县的自治条例和单行条例，报省或者自治区的人民代表大会常务委员会批准后生效，并报全国人民代表大会常务委员会备案。

（二）立法法的规定

1. 立法事项的具体性规定

立法法第8条，第9条，第42条第2款，第56条第2、3款，第64条，第66条，第71条第2款，第73条第2款，第93条第1、2款是我国立法事项的具体性规定。

这些规定分别就各类立法主体的立法事项进行了限定。（1）全国人民代表大会及其常务委员会的立法事项：国家主权的事项；各级人民代表大会、人民政府、人民法院和人民检察院的产生、组织和职权；民族区域自治制度、特别行政区制度、基层群众自治制度；犯罪和刑罚；对公民政治权利的剥夺、限制人身自由的强制措施和处罚；对非国有财产的征收；民事基本制度；基本经济制度以及财政、税收、海关、金融和外贸的基本制度；诉讼和仲裁制度；必须由全国人民代表大会及其常务委员会制定法律的其他事项。这些事项若尚未制定法律，全国人民代表大会及其常务委员会有权作出决定，授权国务院可以根据实际需要,对其中的部分事项先制定行政法规,但是有关犯罪和刑罚、对公民政治权利的剥夺和限制人身自由的强制措施和处罚、司法制度等事项除外。其中全国人民代表大会常务委员会可以就法律的规定需要进一步明确具体含义的、法律制定后出现新的情况需要明确适用法律依据的进行解释。(2)国务院的立法事项:执行法律的规定需要制定行政法规的事项;宪法典第89条第3、4、5、6、7、8、9、10、11、12、15、16、17项所列明的国务院行政管理职权的事项。其中属于全国人民代表大会及其常务委员会立法内容的事项,国务院根据全国人民代表大会及其常务委员会的授权可先行制定行政法规。(3)省、自治区、直辖市和较大的市的人民代表大会及其常务委员会的立法事项:执行法律、行政法规的规定,需要根据本行政区域的实际情况作具体规定的事项;属于地方性事务需要制定地方性法规的事项。其中除全国人民代表大会及其常务委员会立法内容的事项外,其他事项国家尚未制定法律或者行政法规的,省、自治区、直辖市和较大的市根据本地方的具体情况和实际需要,可以先制定地方性法规。(4)民族自治地方的人民代表大会的立法事项:体现当地民族的政治、经济和文化特点的事项;可对法律和行政法规的规定作出变通规定,但不得违背法律或者行政法规的基本原则,不得对宪法和民族区域自治法的规定以及其他有关法律、行政法规专门就民族自治地方所作的规定作出变通规定。(5)国务院各部、委员会、中国人民银行、审计署和具有行政管理职能的直属机构的立法事项:属于执行法律或者国务院的行政法规、决定、命令的事项。(6)省、自治区、直辖市和较大的市的人民政府的立法事项:执行法律、行政法规、地方性法规的规定需要制定规章的事项;属于本行政区域的具体行政管理事项。(7)中央军事委员会的立法事项:宪法和法律规定的事项。(8)中央军事委员会各总部、军兵种、军区的立法事项:根据法律和中央军事委员会的军事法规、决定、命令,在其权限范围内的事项。

2.立法形式的具体性规定

立法法第2条,第7条第2、3款,第42条第1款,第56条第1款,第63条第1、2款,第66条第1款,第71条第1款,第73条第1款,第93条第1、2款是我国立法形式的具体性规定。

这些规定就我国哪一类立法主体运用何种规范性文件形式进行了限

定。(1)全国人民代表大会及其常务委员会的立法形式:法律。全国人民代表大会制定、修改基本法律;全国人民代表大会常务委员会制定、修改其他法律,并可进行法律解释。在全国人民代表大会闭会期间,全国人民代表大会常务委员会可对全国人民代表大会制定的法律进行部分补充和修改,但是不得同该法律的基本原则相抵触。(2)国务院的立法形式:行政法规。(3)省、自治区、直辖市和较大的市的人民代表大会及其常务委员会的立法形式:地方性法规。(4)民族自治地方的人民代表大会的立法形式:自治条例和单行条例。(5)国务院各部、委员会、中国人民银行、审计署和具有行政管理职能的直属机构的立法形式:国务院部门规章。(6)省、自治区、直辖市和较大的市的人民政府的立法形式:地方政府规章。(7)中央军事委员会的立法形式:军事法规。(8)中央军事委员会各总部、军兵种、军区的立法形式:军事规章。

3. 立法程序的具体性规定

立法法第 2 章第 2 节"全国人民代表大会立法程序"、第 3 节"全国人民代表大会常务委员会立法程序"之规定,第 43 条、第 44 条、第 45 条、第 46 条"法律解释程序"之规定,第 49 条、第 50 条、第 52 条第 2 款、第 53 条第 1 款、第 55 条"全国人民代表大会及其常务委员会立法其他程序"之规定,第 57 条、第 58 条、第 59 条、第 60 条、第 61 条、第 62 条"行政法规立法程序"之规定,第 63 条第 2 款、第 66 条第 1 款、第 67 条、第 68 条、第 69 条、第 70 条第 1 款"地方性法规、自治条例和单行条例立法程序"之规定,第 74 条、第 75 条、第 76 条、第 77 条第 1、2 款"规章立法程序"之规定,第 93 条第 4 款"军事法规、军事规章立法程序"之规定是我国立法程序的具体性规定。

这些规定分别就各类立法主体的立法程序进行了限定,学界主流观点将其大致概括为四个阶段:"提出法案、审议法案、表决通过法案和公布法"①。

4. 立法适用范围的概括性规定

立法法第 47 条、第 65 条、第 79 条、第 80 条、第 81 条、第 82 条、第 83 条、第 93 条第 3 款是我国立法适用范围的概括性规定。

---

① 朱力宇、张曙光:《立法学》,中国人民大学出版社 2006 年版,第 155 页。

这些规定分别就各类立法主体的立法适用范围进行了界定,各类立法产生效力的具体领域或具体方面则在该立法的专门条款中作出限定。立法法的这些概括性规定大致可分为两个方面:其一,效力位阶规定。各类立法的效力位阶分为"法律—行政法规—地方性法规、规章"三个层级。在第三层级的"地方性法规、规章"中,地方性法规的效力高于本级和下级地方政府规章,省、自治区的人民政府制定的规章的效力高于本行政区域内的较大的市的人民政府制定的规章,部门规章之间、部门规章与地方政府规章之间具有同等效力。其中同一机关制定的法律、行政法规、地方性法规、自治条例和单行条例、规章,特别规定与一般规定不一致的,适用特别规定;新的规定与旧的规定不一致的,适用新的规定。其二,效力准则规定。法律解释与法律具有同等效力;地方性法规、地方政府规章按管辖地域范围施行;规章按各自权限范围施行;军事法规、军事规章在武装力量内施行。

综上所述,宪法立法权限规定的字面意义即宪法典关于立法权限的原则性规定;宪法立法权限规定的隐含意义即立法法关于立法事项、立法形式、立法程序的明确、清晰限定,关于立法适用范围的较为概括的限定。宪法立法权限规定生成的规范命题为立法权限实质要件与立法权限形式要件。两类立法权限构成要件的理论指引仍回到了"宪法依据"问题,欲践行宪法立法权限规定在规范效力层面应呈现之根本法属性,当厘清"根据宪法立法权限规定如何科学地立法",而结合相关立法(如土地整理立法)之立法权限设定探寻具体的适用路径。

第三节　我国土地整理立法内容的宪法依据

界定我国土地整理立法内容的宪法依据就是厘清我国宪法典第9、10条就土地问题已经作出的较为系统的"原则性和纲领性规定"①(即宪法土地问题规范)。我国宪法土地问题规范主要为宪法典中的自然资源条款(第9条)和土地制度条款(第10条)。事实上,土地本属一种特殊的自然资源,宪法典自然资源条款在范畴上已经涵盖了土地制度相关要素,但宪法

①　刘茂林:《中国宪法导论》,北京大学出版社2009年版,第11页。

典于自然资源条款后仍专门规定土地制度,一方面凸显了土地作为一种特殊自然资源的重要性,另一方面也是专门针对土地问题所作的特别规定。故土地制度条款当属土地整理立法内容的直接性宪法依据,自然资源条款则属土地整理立法内容的间接性宪法依据。这两条大致从权属、利用、保护和权力谦抑四个方面予以了规定,应运用规范实证分析方法对其逐次诠释。首先厘清相关权属、利用、保护和权力谦抑规定的字面意义与隐含意义,进而分析其生成的规范命题与理论指引,最终回答"立法依据宪法的什么土地问题规范"问题,而在其基础上根据相关宪法规范确立我国土地整理立法内容并推动其完善。

一、权属规定

宪法典自然资源、土地权属规定即我国宪法典第 9 条第 1 款①和第 10 条第 1、2 款②,主要是解决自然资源、土地属于谁的问题。这两处规定皆确立了我国自然资源、土地之非私有原则。当然,由于自然资源与土地是一种包含与被包含关系,故而自然资源非私有作为普遍性原则可适用于土地相关社会关系,土地非私有作为特殊性原则可专门适用于土地相关社会关系并较自然资源非私有予以优先适用。若自然资源条款无相关规定,土地非私有原则亦可参照性地适用于土地以外的其他自然资源相关社会关系。

(一) 权属规定的字面意义与隐含意义

1. 自然资源条款中的权属规定

我国宪法典设定的自然资源权属规定是相当明确的,即非私有,要么国有、要么集体所有。其中"矿藏、水流"是单一国有制;"森林、山岭、草原、荒地、滩涂"是两类所有制,以国有制为原则、法定集体所有制为例外。

在自然资源原则性国有制的指引下,对"等自然资源,都属于国家所有"与"由法律规定属于集体所有的森林和山岭、草原、荒地、滩涂除外"的解读需要审慎。后者是以列举规定加概括规定的方式明确限定了自然资源

---

① 矿藏、水流、森林、山岭、草原、荒地、滩涂等自然资源,都属于国家所有,即全民所有;由法律规定属于集体所有的森林和山岭、草原、荒地、滩涂除外。

② 城市的土地属于国家所有。农村和城市郊区的土地,除由法律规定属于国家所有的以外,属于集体所有;宅基地和自留地、自留山,也属于集体所有。

集体所有的范围,仅包括"森林、山岭、草原、荒地、滩涂"这5类。除此以外,已发现但宪法未列明的或尚未发现但未来可能发现的各种自然资源,皆可通过"等自然资源,都属于国家所有"的概括规定界定为国有。

故而,自然资源条款中的权属规定在区分以国有制为原则、法定集体所有制为例外之"森林、山岭、草原、荒地、滩涂"的基础上,将包括"矿藏、水流"在内的"等自然资源"皆规定为单一国有制。事实上确立了列举加概括式规定的自然资源国有为原则、列举式规定的自然资源集体所有为例外的自然资源非私有原则。国有的自然资源范围要较集体所有更广。

2. 土地制度条款中的权属规定

我国宪法典设定的土地权属规定是相当明确的,即非私有,要么国有、要么集体所有。其中"城市的土地"是单一国有制;"农村和城市郊区的土地"是两类所有制,以集体所有制为原则、法定国有制为例外。

同样地,在土地两类所有制的指引下,对"农村和城市郊区的土地法律规定属于国家所有"的解读需要审慎。究竟法律规定国有的农村和城市郊区土地的范围包括哪些? 一方面关联我国国有土地和集体所有土地的界限范围;另一方面涉及权属调整时应适用的法律规范,究竟是集体所有土地类的《中华人民共和国农村土地承包法》、《中华人民共和国农村土地承包经营纠纷调解仲裁法》,还是国有土地类的《中华人民共和国城镇国有土地使用权出让和转让暂行条例》、《国有土地上房屋征收与补偿条例》。该问题主要影响到对《中华人民共和国土地管理法实施条例》第2条各项所述之"依法没收、征收、征购","依法征收","依法不属于","转为城镇居民","成建制地集体迁移"的解释。究竟所依何法? 相关实体性权利规定是否健全? "没收、征收、征购、转户、迁移"各行为的实施程序究竟为何? 相关程序性规定能否实现就权利人合法权益的有效保障?

故而,土地制度条款中的权属规定在区分以集体所有制为原则、法定国有制为例外之"农村和城市郊区的土地"的基础上,将"城市的土地"规定为单一国有制。事实上确立了概括式规定的土地集体所有为原则、列举加概括式规定的土地国有为例外的土地非私有原则。"城市以外的国有土地,大致可归纳为如下几类:国家所有的工商企业、农林企业、能源、交通、水利设施占用的土地;国家所有的文教卫生和其他公益设施用地;军事用地;其他已经确定(如没收、征收、收归国有)为国有的土地;无人居住、使用的土地;其他不能确定为集体所有的土地。集体所有的土地主要包括两类:一是农地,包括直接用于农业(种植业、林业、畜牧业和渔业)生产以及为农业生产服务的配套设施用地;二是建设用地,主要包括宅基地,乡(镇)村企业用地,乡(镇)村公益事业用地,乡(镇)村公共设施用地。此外,集体土地还包括属于集体所有的荒山、荒沟、荒丘、荒滩等未利用土地。"①"《中国城市发展报告(2011)》显示,2011 年,我国城镇化率已经达到 51.27%,城镇人口首次超过农村人口,达到 6.9 亿人。"②"截至 2010 年底,我国耕地总数不足18.26 亿亩,已接近 18 亿亩的红线。从 1980 年到 2005 年,在我国经济快速发展、城市化急剧扩张的时期,经济每增长 1%,会占用农地 30 万亩左右。2008 年全国城镇工矿建设用地达 1.231 亿亩,农村居民点用地达 2.4798 亿亩。"③集体所有的土地面积当随城镇化率的提升逐年减少,但基于我国城乡二元结构现状和《全国主体功能区规划》中"2020 年以前不超过 3.91%的全国陆地国土空间开发强度"④的相关规定,集体所有的土地范围仍要较国有更广。

(二) 相关下位法的普适性具体规定

1. 自然资源权属规定之普适性具体规定

根据宪法典设定的自然资源权属规定,相关下位法作出了普适性具体规定。其一,《中华人民共和国矿产资源法》第 3 条第 1 款:"矿产资源属于国家所有,由国务院行使国家对矿产资源的所有权。地表或者地下的矿产资源的国家所有权,不因其所依附的土地的所有权或者使用权的不同而改变。"此规定充实了"矿藏"单一国有制的具体内涵。其二,《中华人民共和国水法》第 3 条:"水资源属于国家所有。水资源的所有权由国务院代表国

---

① 国土资源部土地整理中心:《土地开发整理项目管理》,中国人事出版社 2003 年版,第 269 页。

② 网易网:《2011 中国城市发展报告发布:城镇化率达 51.27%》,2012 年 5 月 21 日,见 http://money.163.com/12/0521/11/821AREOV00253G87.html。

③ 新浪网:《我国耕地总数接近 18 亿亩红线　空置面积超 1 亿亩》,2011 年 2 月 17日,见 http://news.sina.com.cn/c/sd/2011-02-17/094421968942.shtml。

④ 中华人民共和国中央人民政府网:《国务院关于印发全国主体功能区规划的通知》,2011 年 6 月 8 日,见 http://www.gov.cn/zwgk/2011-06/08/content_1879180.htm。

家行使。农村集体经济组织的水塘和由农村集体经济组织修建管理的水库中的水,归各该农村集体经济组织使用。"此规定充实了"水流"单一国有制的具体内涵,并就农村部分水资源使用权予以了特别规定。其三,《中华人民共和国森林法》第 3 条第 1 款:"森林资源属于国家所有,由法律规定属于集体所有的除外。"此规定进一步确认了"森林"两类所有制。其四,《中华人民共和国土地管理法》第 2 条第 1 款:"中华人民共和国实行土地的社会主义公有制,即全民所有制和劳动群众集体所有制。"此规定从"森林、山岭、草原、荒地、滩涂"共有的土地资源属性角度进一步确认了两类所有制。其五,《中华人民共和国草原法》第 9 条第 1 款:"草原属于国家所有,由法律规定属于集体所有的除外。国家所有的草原,由国务院代表国家行使所有权。"此规定充实了"草原"两类所有制的具体内涵。其六,《中华人民共和国渔业法》第 11 条第 2 款:"集体所有的或者全民所有由农业集体经济组织使用的水域、滩涂,可以由个人或者集体承包,从事养殖生产。"此规定就"水流"单一国有制和"滩涂"两类所有制下的"养殖生产"使用予以了特别规定。

2. 土地权属规定之普适性具体规定

根据宪法典设定的土地权属规定,相关下位法也作出了普适性具体规定。其一,《中华人民共和国土地管理法》第 8 条:"城市市区的土地属于国家所有。农村和城市郊区的土地,除由法律规定属于国家所有的以外,属于农民集体所有;宅基地和自留地、自留山,属于农民集体所有。"此规定进一步确认了"城市的土地"单一国有制和"农村和城市郊区的土地"两类所有制。其二,《中华人民共和国土地管理法实施条例》第 2 条:"下列土地属于全民所有即国家所有:(一)城市市区的土地;(二)农村和城市郊区中已经依法没收、征收、征购为国有的土地;(三)国家依法征收的土地;(四)依法不属于集体所有的林地、草地、荒地、滩涂及其他土地;(五)农村集体经济组织全部成员转为城镇居民的,原属于其成员集体所有的土地;(六)因国家组织移民、自然灾害等原因,农民成建制地集体迁移后不再使用的原属于迁移农民集体所有的土地。"此规定明确列举了国有土地的具体范围。其三,《中华人民共和国城镇国有土地使用权出让和转让暂行条例》第 2 条第 2 款:"城镇国有土地是指市、县城、建制镇、工矿区范围内属于全民所有的土地。"此规定就"城镇国有土地"进一步予以了特别规定。

综上所述,宪法典自然资源、土地权属规定的字面意义与隐含意义均指向国有、集体所有两类非私有制在自然资源、土地的适用上存在的区别。该规定生成的规范命题为两类非私有原则:自然资源非私有是以列举加概括式规定的自然资源国有为原则,列举式规定的自然资源集体所有为例外;土地非私有是以概括式规定的土地集体所有为原则、列举加概括式规定的土地国有为例外。两类非私有原则的理论指引仍回到了"宪法依据"问题,欲践行宪法典自然资源、土地权属规定在规定的内容上应呈现之根本法属性,当厘清"根据宪法典自然资源、土地权属规定如何科学地立法",而结合相关立法之权属设置(如土地整理权属设置)探寻具体的适用路径。

二、利用规定

宪法典自然资源、土地利用规定即我国宪法典第 9 条第 2 款①和第 10 条第 5 款②,主要是解决自然资源、土地如何利用的问题。这两处规定皆确立了我国自然资源、土地之合理利用原则。当然,由于自然资源与土地是一种包含与被包含关系,故而自然资源合理利用作为普遍性原则可适用于土地相关社会关系,土地合理利用作为特殊性原则可专门适用于土地相关社会关系并较自然资源合理利用予以优先适用。若自然资源条款无相关规定,土地合理利用原则亦可参照性地适用于土地以外的其他自然资源相关社会关系。

(一) 利用规定的字面意义与隐含意义

可基于宪法规范的类型划分而解读宪法典自然资源、土地利用规定的内涵。"宪法规范从表达方式来看,可分为宣告性规范与确认性规范;从宪法规范作用的时间来看,可分为纲领性规范和现实性规范;从宪法规范约束力的强弱,可分为提倡性规范、任意性规范和强行性规范;从宪法规范的功能来划分,可分为调整性规范与保护性规范。"③

---

① 国家保障自然资源的合理利用,保护珍贵的动物和植物。
② 一切使用土地的组织和个人必须合理地利用土地。
③ 李龙:《论宪法规范》,《法学评论》1994 年第 6 期。

首先,从表达方式来看,合理利用规定既可属于宣告性规范也可属于确认性规范。它宣告了我国在自然资源、土地利用问题上的基本立场,基于各种历史或现实原因,我国应合理利用各类自然资源、土地;同时也就我国对自然资源、土地已进行和正进行合理利用的事实予以了认定,并上升至宪法规范层面作肯定化表述。

其次,从作用时间来看,合理利用规定更多地指向未来,应为纲领性规范。包含该规定的现行宪法典颁行于 20 世纪 80 年代初,正处于改革开放、发展经济的起步阶段。就当时背景而言,能清晰地预见自然资源、土地利用问题必将成为未来我国经济发展诸多瓶颈性问题之一,故而合理利用规定应更多地是着眼于未来,要在确保代际公平的前提下实现对自然资源、土地的有序利用和可持续性利用,而"为后代保护资源基础,保护他们从资源利用中获得利益的权利和机会"。①

再次,从约束力的强弱来看,自然资源条款中的合理利用规定当属提倡性规范,土地制度条款中的合理利用规定当属强行性规范。就前者而言,国家希望各类自然资源所有权人、使用权人能在宪法的指引下或通过教育后实现合理利用。但这样的合理利用又并非可由各主体自行选择的任意性规范,而是国家借助公权力辅以后续"禁止任何组织或者个人用任何手段侵占或者破坏自然资源"这样的禁止性强行规定实现保障。至于保障的具体方法、实现禁止的具体手段则通过下位法予以细化。故该规定当属约束力较弱或适中的提倡性规范。就后者而言,在延续了自然资源条款中合理利用规定的同时,专门以一般性义务规定的形式来规制土地这种特殊的自然资源,进而以明确的"必须"表述将"一切使用土地的组织和个人合理地利用土地"上升为宪法义务,使得合理利用土地这种特殊的自然资源成为了约束力较强的强行性规范。

最后,从功能来看,自然资源条款中的合理利用规定当属典型的保护性规范,土地制度条款中的合理利用规定当属调整性规范中的义务性规范。就前者而言,其并未直接给予相关主体某些权利或让其承担某些义务,即实现授权、命令或禁止,但却以相对抽象的表述指引出国家必需的行为方向即

① 卢新海、谷晓坤、李睿璞:《土地整理》,复旦大学出版社 2011 年版,第 15 页。

"国家保障……,保护……"。故该规定当属典型的保护性规范。就后者而言,其以"必须"设定了合理利用土地之宪法义务。一方面就"一切使用土地的组织和个人"之行为提出了命令性要求而禁止不合理地利用土地,另一方面在事实上也将干预"一切使用土地的组织和个人"不合理地利用土地行为的权利授予了有关国家机关,最终实现对各类宪法主体利用土地过程中所形成之土地利用社会关系的根本法层面的有效调整。故该规定当属调整性规范中的义务性规范。

此外,合理利用原则还意味着既要应当合理利用自然资源,也要保障合理利用自然资源①。就"应当合理利用"而言,要以利用自然资源、土地满足人的必要需求为宗旨,并不是置自然资源、土地不利用而回归原始状况为佳。荒废自然资源、土地是对它最大的破坏,合理利用自然资源、土地才是对它最可靠的保护。就"保障合理利用"而言,市场经济下实现自然资源、土地国家保障的第一选择应是市场,须利用市场规则以最小的成本实现最大的效益。市场规则的健全有赖于完善的法制,完备的自然资源、土地法律规范是实现国家保障的必要前提;制度的践行有赖于罚则,凸显强制性的公权力行政、司法干预机制是实现国家保障的基本手段。

（二）相关下位法的普适性具体规定

根据宪法典设定的自然资源、土地合理利用规定,相关下位法作出了普适性的具体规定。其一,《中华人民共和国矿产资源法》第3条第2款:"国家保障矿产资源的合理开发利用。"此规定进一步确认了"矿产资源"合理利用原则。其二,《中华人民共和国水法》第1条:"为了合理开发、利用、节约和保护水资源,防治水害,实现水资源的可持续利用,适应国民经济和社会发展的需要,制定本法。"此规定进一步确认了"水资源"合理利用原则。其三,《中华人民共和国水土保持法》第1条:"为了预防和治理水土流失,保护和合理利用水土资源,减轻水、旱、风沙灾害,改善生态环境,保障经济社会可持续发展,制定本法。"此规定明确了保护和合理利用"水土资源"的具体要求。其四,《中华人民共和国森林法》第1条:"为了保护、培育和合理利用森林资源,加快国土绿化,发挥森林蓄水保土、调节气候、改善环境和

---

① 参见蒋承崧、翟勇:《自然资源法律规范的宪法原则》,《法学家》2004年第6期。

提供林产品的作用,适应社会主义建设和人民生活的需要,特制定本法。"
此规定进一步确认了"森林资源"合理利用原则,并提出合理利用的具体目
标。其五,《中华人民共和国土地管理法》第 3 条:"十分珍惜、合理利用土
地和切实保护耕地是我国的基本国策。"此规定进一步强化了"土地资源"
合理利用原则。其六,《中华人民共和国草原法》第 3 条:"国家对草原实行
科学规划、全面保护、重点建设、合理利用的方针,促进草原的可持续利用和
生态、经济、社会的协调发展。"此规定进一步确认了"草原资源"合理利用
原则。其七,《中华人民共和国渔业法》第 1 条:"为了加强渔业资源的保
护、增殖、开发和合理利用,发展人工养殖,保障渔业生产者的合法权益,促
进渔业生产的发展,适应社会主义建设和人民生活的需要,特制定本法。"
此规定进一步确认了"渔业资源"合理利用原则,并提出合理利用的具体目
标。上述部门法的具体规定或于立法宗旨(原则)条款叙述中明确强化了
宪法典自然资源、土地合理利用原则之规定,或在立法宗旨(原则)条款规
定的基础上,又专条、专章予以了更细致、全面的诠释。

　　综上所述,宪法典自然资源、土地利用规定的字面意义与隐含意义均指
向其兼具的宣告性、确认性、纲领性规范形式和各自特有的提倡性、保护性,
强行性、义务性规范形式。该规定生成的规范命题为合理利用原则。合理
利用原则的理论指引仍回到了"宪法依据"问题,欲践行宪法典自然资源、
土地利用规定在规定的内容上应呈现之根本法属性,当厘清"根据宪法典
自然资源、土地利用规定如何科学地立法",而结合相关立法之基本原则
(如土地整理立法原则)探寻具体的适用路径。

三、保护规定

　　宪法典自然资源、土地保护规定即我国宪法典第 9 条第 2 款①和第 10
条第 4 款②,主要是解决如何保护自然资源、土地的问题。这两处规定分别
确立了我国自然资源之禁止侵占或破坏原则、土地之禁止非法转让原则。

---

① 禁止任何组织或者个人用任何手段侵占或者破坏自然资源。
② 任何组织或者个人不得侵占、买卖或者以其他形式非法转让土地。土地的使用权
　可以依照法律的规定转让。

由于自然资源与土地在范畴上属包含与被包含关系,故而自然资源之禁止侵占或破坏原则可作为普遍性原则当然地适用于土地相关社会关系,土地之禁止非法转让原则可作为特殊性原则专门适用于土地相关社会关系并较自然资源之禁止侵占或破坏原则予以优先适用。若自然资源条款无相关规定,土地之禁止非法转让原则亦可参照性地适用于土地以外的其他自然资源相关社会关系。故可将这两处规定结合确立为我国自然资源、土地之禁止侵占或破坏、禁止非法转让原则。

(一) 保护规定的字面意义与隐含意义

自然资源条款中的保护规定与利用规定结合于一款中表述,属于我国宪法规范结构特点中典型的"确认性宪法规范与禁止性宪法规范结合使用"①。该规定针对非特定主体(即"任何组织或者个人")的非特定行为(即"任何手段")作出了一般性禁止,只要与"侵占或者破坏自然资源"相关的行为,任何主体皆要抑制而不可做出。"侵占"更多地与自然资源、土地权属规定相关,非自然资源、土地权属主体不得侵犯合法自然资源、土地权属主体的各种合法权益;"破坏"则更多地与自然资源、土地利用规定相关,如果视"合理利用"为自然资源、土地利用最高准则的话,"禁止破坏"就应是自然资源、土地利用的最低要求。

土地制度条款中的保护规定也属于前述典型的确认禁止结合规范。该规定首先针对非特定主体(即"任何组织或者个人")的特定行为(即"非法转让")作出了特别性禁止,专门列举"侵占、买卖或者以其他形式"实现"非法转让"的相关行为,任何主体皆要抑制而不可做出。通过该规定明确了我国土地在所有权上的非流通性,并在其基础上以"土地的使用权可以依照法律的规定转让"的宣告性、确认性规定但书了我国土地在使用权上的流通性。既宣告了相对僵化的传统社会主义土地权属制度之市场化改革方向,又确认了在过往社会主义市场经济改革实践中出现的以"家庭联产承包责任制"为典型的土地使用权流转事实。

(二) 相关下位法的普适性具体规定

根据宪法典设定的自然资源、土地保护规定,相关下位法主要通过罚则

---

① 刘茂林:《中国宪法导论》,北京大学出版社 2009 年版,第 27 页。

规定设定了普适性的禁止侵占或破坏原则和禁止非法转让原则之具体内容。其一,《中华人民共和国矿产资源法》第 3 条第 2 款:"禁止任何组织或者个人用任何手段侵占或者破坏矿产资源。"此规定进一步确认了"矿产资源"之禁止侵占或破坏原则。第 6 章"法律责任"就侵占或者破坏矿产资源的法律责任予以详细规定。其二,《中华人民共和国水法》第 7 章"法律责任"就侵占或者破坏水资源的法律责任予以详细规定。其三,《中华人民共和国水污染防治法》第 7 章"法律责任"就水污染相关法律责任予以专门规定。其四,《中华人民共和国海洋环境保护法》第 9 章"法律责任"就海洋污染相关法律责任予以专门规定。其五,《中华人民共和国水土保持法》第 6 章"法律责任"就造成水土流失相关法律责任予以专门规定。其六,《中华人民共和国森林法》第 3 条第 3 款:"森林、林木、林地的所有者和使用者的合法权益,受法律保护,任何单位和个人不得侵犯。"此规定进一步确认了"森林资源"之禁止侵占或破坏原则。第 6 章"法律责任"详细规定了侵占或者破坏森林资源的法律责任。其七,《中华人民共和国土地管理法》第 7 章"法律责任"、《中华人民共和国土地管理法实施条例》第 7 章"法律责任"皆就侵占或者破坏土地资源的法律责任予以详细规定。其八,《中华人民共和国草原法》第 8 章"法律责任"就侵占或者破坏草原资源的法律责任予以详细规定。其九,《中华人民共和国渔业法》第 5 章"法律责任"就侵占或者破坏渔业资源的法律责任予以详细规定。其十,《中华人民共和国农村土地承包法》第 4 章"争议的解决和法律责任"和《中华人民共和国农村土地承包经营纠纷调解仲裁法》,皆就非法转让农村承包土地的法律责任和纠纷解决予以详细规定。其十一,《土地调查条例》第 6 章"表彰和处罚"就土地调查不法行为的法律责任予以详细规定。其十二,《土地复垦条例》第 6 章"法律责任"详细规定了土地复垦不法行为的法律责任。其十三,《中华人民共和国城镇国有土地使用权出让和转让暂行条例》第 17 条、第 46 条规定了相关不法行为的法律责任。其十四,《国有土地上房屋征收与补偿条例》第 4 章"法律责任"就房屋征收与补偿不法行为的法律责任予以详细规定。

综上所述,宪法典自然资源、土地保护规定的字面意义与隐含意义均指向其兼具的确认禁止结合规范形式。该规定生成的规范命题为禁止侵占或破坏、禁止非法转让原则。禁止侵占或破坏、禁止非法转让原则的理论指引仍回到了"宪法依据"问题，欲践行宪法典自然资源、土地保护规定在规定的内容上应呈现之根本法属性，当厘清"根据宪法典自然资源、土地保护规定如何科学地立法"，而结合相关立法实现保护之具体法律规范（如土地整理程序、资金、法律责任规范）探寻具体的适用路径。

四、权力谦抑规定

宪法典土地权力谦抑规定即我国宪法典第 10 条第 3 款①，主要是解决国家干预土地权属调整之权力的边界及行使方式问题。

权力谦抑主义是一种与"压制型法"之管理法相对抗的"自治型法"之控权法理念，其强调"在立法职能和司法职能之间划出严格的界限；法律秩序的首要目的和主要效能是规则性和公平，而非实质正义"②。权力谦抑主义作为一种观点，有两类出处：其一，源自"塞耶在《美国宪法原则的起源与范围》这一经典中对于谦抑主义理论的精辟阐释。法官在执行任务时，必须谨慎而不能进入其他国家机关的领地。司法审查机关只有在没有任何合理怀疑（reasonable doubt）的空间时才能够对立法进行否决"。③ 其二，源自刑法谦抑性原则，"是对封建刑法干涉性和残酷性的截然反动。在思想内涵上表现为：刑法调整范围的不完整性、刑法统制手段的最后性、刑罚制裁方式发动的克制性"。④ 总体而言，权力谦抑主义一方面透过授权同时赋予义务的实体性规定，明示了"法官司法审查权、公权力机关刑罚权"的有限性；另一方面通过"谨慎、无合理怀疑、手段的最后性、发动的克制性"这样的程序设计，规定了行使相关权力应依循的步骤和方法。

该规定在事实上设定了谦抑行使权力的行为模式。一方面作为授予国

---

① 国家为了公共利益的需要，可以依照法律规定对土地实行征收或者征用并给予补偿。
② ［美］诺内特、塞尔兹尼克：《转变中的法律与社会》，张志铭译，中国政法大学出版社 1994 年版，第 60 页。
③ 王书成：《合宪性推定与塞耶谦抑主义——读〈美国宪法原则的起源和范围〉》，《政法论坛》2011 年第 5 期。
④ 莫洪宪、王树茂：《刑法谦抑主义论纲》，《中国刑事法杂志》2004 年第 1 期。

家征收或征用土地权力同时赋予国家补偿相关权利人义务的宪法规范,明示了"国家征收或征用土地权"的有限性,而尝试解决"国家干预土地权属调整之权力的边界"问题;另一方面通过"为了公共利益的需要而依照法律规定"这样的原则性程序设计,规定了国家行使征收或征用土地权应依循的步骤和方法,而尝试解决"国家干预土地权属调整之权力的行使方式"问题。故该款规定可谓确立了我国土地之权力谦抑原则。虽然自然资源条款并无相关规定,但因自然资源与土地在范畴上属包含与被包含关系,故土地之权力谦抑原则可作为特殊性原则专门适用于土地相关社会关系的同时,亦可参照性地适用于土地以外的其他自然资源相关社会关系,进而可将此处规定推定确立为我国自然资源、土地之权力谦抑原则。

（一）权力谦抑规定的字面意义与隐含意义

土地制度条款中的权力谦抑规定属于我国宪法规范结构特点中典型的"授权性宪法规范和义务性宪法规范相结合而构成"[1]。其一,就授权性宪法规范而言。"授予宪法主体作出或者要求他人作出或不作出某种行为的权利能力或可能性。分为:授予国家机关职权的规范、授予公民权利的规范、授予社会团体权利的规范。"[2]土地制度条款中的权力谦抑规定通过"可以"这样的肯定性规定授予国家征收或征用土地的权力,该权力更多地体现为国家依法做出征收或征用土地行为的可能性,其授权性相当明确。其二,就义务性规范而言。"告诉和要求宪法主体必须以积极作为的形式履行一定的义务。分为有关国家机关、公民和社会团体的义务性规范。"[3]通过"给予补偿"这样的确定性规定,明确了国家在行使征收或征用土地权力的同时一并应尽的补偿义务,该义务更多地体现为国家依法补偿相关权利人的积极作为,其义务性也相当明确。

（二）相关下位法的普适性具体规定

根据宪法典设定的权力谦抑规定,相关下位法作出了普适性的具体规定。其一,《中华人民共和国土地管理法》第 2 条第 4 款:"国家为了公共利

---

[1] 刘茂林:《中国宪法导论》,北京大学出版社 2009 年版,第 26—27 页。

[2] 刘茂林:《中国宪法导论》,北京大学出版社 2009 年版,第 25 页。

[3] 刘茂林:《中国宪法导论》,北京大学出版社 2009 年版,第 25 页。

益的需要,可以依法对土地实行征收或者征用并给予补偿。"此规定进一步强化了土地之权力谦抑原则。其二,《中华人民共和国土地管理法》第5章"建设用地"、《中华人民共和国土地管理法实施条例》第5章"建设用地"皆就征收或征用土地并给予补偿作出了明确规定。其三,《大中型水利水电工程建设征地补偿和移民安置条例》就因大中型水利水电工程征收集体所有土地及补偿作出了特别规定。其四,《国有土地上房屋征收与补偿条例》就征收国有土地上房屋及补偿作出了特别规定。但上述就土地制度条款中的权力谦抑规定所作的实施性下位法规定是不完整的。就国有土地而言,国有土地上房屋征用与补偿和国有土地上房屋以外的其他附着物征收、征用与补偿皆无普适的实施性下位法规定;就集体所有土地而言,集体所有土地及集体所有土地上各种附着物因大中型水利水电工程以外原因征收、征用与补偿皆无普适的实施性下位法规定。

综上所述,宪法典土地权力谦抑规定的字面意义与隐含意义均指向其授权义务结合规范形式。该规定生成的规范命题为权力谦抑原则。权力谦抑原则的理论指引仍回到了"宪法依据"问题,欲践行宪法典土地权力谦抑规定在规定的内容上应呈现之根本法属性,当厘清"根据宪法典土地权力谦抑规定如何科学地立法",而结合相关立法回应权力谦抑之公众参与规范(如农民参与土地整理规范)探寻具体的适用路径。

小　结

综上所述,"我国土地整理立法的宪法依据之界定"是基于我国土地整理立法并未依据宪法而科学地确立之判定所展开的。这里从宪法价值与宪法规范两个层面,界定我国土地整理立法价值、立法体制、立法内容的宪法依据,进而为厘清"宪法依据于我国土地整理立法之适用"提供必备的逻辑前提。

界定我国土地整理立法价值的宪法依据就是厘清我国宪法在价值层面上的明确指引即宪法价值。应从目的性价值和道德性价值两方面清晰诠释宪法价值,而回答"立法依据宪法的什么价值"问题,最终在其基础上探寻契合于宪法价值的土地整理立法价值。

　　界定我国土地整理立法体制、立法内容的宪法依据就是厘清我国宪法在立法体制上的明确指引(即宪法立法体制规范)和我国宪法典第9、10条就土地问题已经作出的较为系统的"原则性和纲领性规定"①(即宪法土地问题规范)。我国宪法立法体制规范分别存在于宪法典和立法法中,各自就立法主体、立法权限问题作出了明确规定。我国宪法土地问题规范主要为宪法典中的自然资源条款(第9条)和土地制度条款(第10条),这两条大致从权属、利用、保护和权力谦抑四个方面予以了规定。应运用规范实证分析方法对宪法立法体制规范和宪法土地问题规范逐次诠释,首先厘清相关立法主体、立法权限规定和相关权属、利用、保护和权力谦抑规定的字面意义与隐含意义,进而分析其生成的规范命题与理论指引。最终回答"立法依据宪法的什么立法体制规范"和"立法依据宪法的什么土地问题规范"问题,而在其基础上根据相关宪法规范确立我国土地整理立法体制、立法内容并推动其完善。

---

① 刘茂林:《中国宪法导论》,北京大学出版社2009年版,第11页。

第三章　宪法依据于我国土地
整理立法之适用

　　"宪法依据于我国土地整理立法之适用"是以"我国土地整理立法"为样本,基于该样本的相应宪法依据所展开的对"根据宪法如何科学地立法"问题之解答。立足于该样本在立法价值、立法体制、立法内容方面的相应宪法依据,科学地构建我国土地整理立法,并弥补其在价值、体制、内容方面存在的不足,最终基于对该样本的研究,就"根据宪法如何科学地立法"确立基本研究"范式"。

第一节　根据宪法目的性价值确立土地
整理立法目的性价值

　　"根据宪法目的性价值确立土地整理立法目的性价值"就是从目的性价值方面来探讨宪法价值如何适用于土地整理立法。宪法目的性价值包括宪法价值目标和宪法价值关系两方面内容,根据它所确立之土地整理立法目的性价值也应体现在这些方面。在宪法于价值层面应呈现之根本法属性的作用下,土地整理立法目的性价值应契合于宪法目的性价值,也不妨从价值目标和价值关系这两个方面对其进行解读。

一、土地整理立法的价值目标

　　"法律","国家、公民、社会(和谐社会)","政治、经济、文化"是三组不同视角下的宪法价值目标。"法律"是宪法的载体目的,"国家、公民、社会

（和谐社会）"是宪法的作用对象目的,"政治、经济、文化"是宪法的践行领域目的。土地整理立法的价值目标即土地整理立法作为一种法现象所蕴含的具体目的,其源自宪法的价值目标但也独具特性。

（一）土地整理立法的载体目的

土地整理立法的价值目标与宪法一样,离不开规则体系所构建的法律规范载体。"所有的法的价值都是通过一定的法律活动来实现的。所有的法律活动对于法律制度都有着必然的依赖关系。"[1]土地整理立法的价值也需要通过具体的土地整理法律规范而实现。

土地整理立法的载体目的就是在系统研究土地整理基本理论、制度安排和运行机制的基础上,在一套完备的土地整理部门法体系中构建清晰、科学的土地整理法律规范。而我国土地整理法律规范在立法价值上是模糊的、在立法体制上是紊乱的、在立法内容上是碎片化的,特别是作为其最关键部分的土地整理程序规范、土地整理资金规范、土地整理法律责任规范均不足以就应然层面的土地整理法律行为、法律关系作充分规制、调整,应借鉴德国经验通过高位阶立法作系统性、原则性规定而推动我国土地整理法律规范实现清晰化、科学化。有必要通过土地整理立法载体目的之实现,而增长土地整理相关"社会幸福"的总和以促成利益的最大化,使我国土地整理工作逐步走上规范化、法治化轨道,为耕地保护和后续土地利用、征收或征用、补偿及产权交易等问题的规范立法提供参考。

（二）土地整理立法的作用对象目的

土地整理立法的价值目标与宪法一样,也需要作用于国家、公民、社会（和谐社会）而显现。

1. 国家

土地整理立法就国家之作用更多地指向国家土地整理权力,要让国家土地整理权力实现合理配置。国家土地整理权力围绕土地整理活动展开,主要包括:法律规范制定权、规划权、示范项目立项运营权、项目验收权、专项资金管理使用权、相关资源调查权等。

相对合理的国家土地整理权力配置机制应体现在三个方面:其一,国家

---

① 卓泽渊:《法的价值论（第二版）》,法律出版社 2006 年版,第 504 页。

土地整理权力资源的分配在中央与地方之间大致均衡,在中央统一的领导下充分发挥地方的主动性、积极性;其二,国家土地整理规划、出资、运营、管理、监督等各类权力资源的分配在不同职能部门之间大致均衡,实现彼此间的分工负责、互相配合、相互制约;其三,国家土地整理权力资源的占有实现公开化、透明化,确保公众知情权,为公众提供参与土地整理的空间,健全土地整理社会监督机制。

2. 公民

土地整理立法就公民之作用更多地指向公民的土地整理法律意识,要让公民的土地整理法律意识在内容与层次上皆得以增强。其一,就土地整理法律意识的内容而言,要推动公民相关法律知识宣传教育,促进公民形成就相关法律现象的评价(情感、认同与否的态度)和要求(意愿、如何发展的期待)。其二,就土地整理法律意识的层次而言,要推动公民就相关法律现象的认知、情感、意志过程中心理活动的逐步升华,从直观性、自发性、潜意识性的相关法律心态逐步上升为具有自觉性、思考性的相关法律思想、法律理论。

3. 社会(和谐社会)

土地整理立法就社会(和谐社会)之作用更多地指向如何形成相关法律秩序所需社会基础、环境,要在土地整理中实现有机团结,构建有效土地整理法治环境。

其一,土地整理中的有机团结主要表现为各类产权主体、融资主体、监管主体相互之间除因利益关系而发生联结外,互助化的共同体要求也应渗透其中。鲍曼曾就互助化的共同体作出最精辟的阐释:"在共同体中,我们能够互相依靠对方。如果我们跌倒了,其他人会帮助我们重新站立起来。没有人会取笑我们,也没有人会嘲笑我们的笨拙并幸灾乐祸。如果我们犯了错误,我们可以坦白、解释和道歉,若有必要的话,还可以忏悔;人们会满怀同情地倾听,并且原谅我们,这样就没有人会永远记恨在心。在我们悲伤失意的时候,总会有人紧紧地紧握我们的手。当我们陷入困境而且确实需要帮助的时候,人们在决定帮助我们摆脱困境之前,并不会要求我们用东西来作抵押;除了问我们有什么需要,他们并不会问我们何时、如何来报答他们。"①土地整理

―――――――――――――

① [英]齐格蒙特·鲍曼:《共同体》,欧阳景根译,江苏人民出版社 2003 年版,第 3 页。

立法应通过一系列的调和措施作用于土地整理制度架构,使各类主体不至于因职能分工等因素而加深歧见,最终使其彼此达成某种妥协而带着更多的"公利心"积极参与极具公共服务特色的土地整理活动。

其二,有效土地整理法治环境主要表现为法治作为一种理念有否贯彻于各种土地整理法律行为。如前所述,土地整理法律行为主要可概括为规划、项目管理、项目规划、工程设计、项目效益评价这五种具体行为。"法治作为一个动态的或能动的概念,其基本含义是依法办事。"①土地整理立法应通过系统、清晰、明确的规定就这些行为予以指引,使包括普通公民、社会组织、政府职能部门及其工作人员在内的各类主体在行为时能做到依法办事。

(三) 土地整理立法的践行领域目的

土地整理立法的价值目标与宪法一样,也需要作用于政治、经济、文化领域而显现。

1. 政治领域

土地整理立法在政治领域的作用主要在于规范、制约政府相关职能部门的土地整理权力。要从实体与程序两方面规制政府相关职能部门的权力行为,通过土地整理立法设定其具体职责与权限,调整其与其他土地整理法律关系主体之间的关系。

2. 经济领域

土地整理立法在经济领域的作用主要与实现土地整理利益最大化有关。要通过土地整理立法对土地整理活动的科学规制确保土地整理项目在效益上的合理性及对社会发展的贡献度,推动改善当地农村劳动力就业状况和农民收入水平,促进增加有效耕地数量、提高耕地质量、提高绿色植被覆盖率、防治水土流失。

3. 文化领域

土地整理立法在文化领域的作用主要与公民素质的改善有关,要逐步提升公民在土地整理中的主体意识和权利意识。主体意识、权利意识分别是形成公民就土地整理相关认知能力与思维、表达能力的基础。唯有逐步提升公民的主体意识、权利意识,方能让公民更好地知悉其在土地整理中的

① 张文显:《法哲学范畴研究(修订版)》,中国政法大学出版社 2001 年版,第 154 页。

应有权利,进而推动更广义范畴中公民素质的切实改善。

二、土地整理立法的价值关系

土地整理立法的价值关系实质是一种带有相关立法主体目的色彩的土地整理立法事实关系。分析土地整理立法的价值关系可借鉴宪法价值关系的构建思路,在厘清价值关系要素的基础上以立法要求和价值评价为媒介而生成土地整理立法价值主客体间的双向互动过程。

(一) 土地整理立法价值关系的要素

"'价值'作为一个哲学范畴,必然有其普遍的客观基础和表现形式。这个普遍的基础和存在形式,正是人类一种普遍的基本关系——主客体关系的一个方面,即:在主客体相互作用中,由于主体及其内在尺度的作用,使客体趋向于主体,接近主体,客体主体化,客体为主体的需要及其发展服务。"①宪法价值关系、土地整理立法价值关系都是"人类一种普遍的基本关系——主客体关系的一个方面"与宪法、土地整理立法这样的法现象实现结合的具体形式,其构成要素当然地应是三元的,即主体、客体、主客体互动(相互趋向、接近、服务)媒介。

1. 土地整理立法价值关系主体

土地整理立法价值关系主体即公民、社会组织及政府。公民、社会组织及政府作为土地整理法律关系主体在创造、实现、接受土地整理立法价值的过程中皆显现其主体目的色彩,故而成为土地整理立法价值关系的主体。公民与社会组织的主体目的往往基于其土地整理权利人的身份,需要土地整理立法能够充分保障其各项合法权利的切实享有;政府的主体目的往往基于其土地整理权力行使者的身份,需要土地整理立法能够充分保障其各项合法权力的有效行使并实现科学规制。

2. 土地整理立法价值关系客体

土地整理立法价值关系客体即土地整理立法,也就是与土地整理立法价值关系主体发生相互作用并服务于主体的对象。其具有服务于土地整理立法价值关系主体的客体性,由属性、关系和功能所构成。其一,属性。土

---

① 李德顺:《价值论(第2版)》,中国人民大学出版社2007年版,第35页。

地整理立法所具有的民主、人权、正义和秩序属性一旦与主体的需要相契合,即能生成土地整理立法的价值。其二,关系。土地整理立法所蕴含的土地整理权利、权力等实质性关系一旦与主体发生联系,即能生成土地整理立法的价值。其三,功能。"功能具有以下特征:(1)功能是一种社会后果。(2)功能不一定都是对人有益的,有正功能、负功能,甚至零功能之分。(3)功能的主体是不固定的,具有个体差异。"①故土地整理立法对主体的服务直接表现为土地整理立法功能与主体需要之契合,通过其具体功能的发挥而服务于主体,即能生成相关立法的价值。

3. 土地整理立法价值关系主客体互动媒介

土地整理立法价值关系主客体互动媒介即土地整理立法价值关系主客体相互趋向、接近、服务的手段。依互动媒介的不同存在形态可分为物质型媒介、观念型媒介和混合型媒介。

首先,就物质型媒介而言,即人活动的物质型产物。主要包括土地整理法律行为(规划行为、管理行为、设计行为、评价行为等),相关活动具体效益(经济效益、社会效益、环境效益等)与相关法律规范。

其次,就观念型媒介而言,即存在于土地整理立法价值关系主体头脑中的相关思想意识与知识储备。主要包括土地整理专业知识、土地整理基础理论、土地整理总体方略、土地整理法律意识。

最后,就混合型媒介而言,即以若干物质型媒介为载体的定向化、目标化观念。这是生成土地整理立法价值关系主客体互动过程的主要媒介。既可以明确的概念范畴所构成之思想体系表现出来,也可以特有的传统与习惯表现出来,还可以不稳定的带有浓厚感情色彩之心理活动方式而存在。具体可概括为两个方面:其一,立法要求,即土地整理立法价值关系主体基于主观需要和对客体的认识、理解而提出的文本化土地整理法律规范具体诉求;其二,价值评价,即主体在领会、掌握客体文本的基础上参照立法要求就土地整理法律规范及其作用所进行的价值判断。

(二)　土地整理立法价值关系主客体互动过程

土地整理立法价值关系主客体互动与宪法价值关系主客体互动都是人

---

① 陈宜:《法的价值与功能辩》,《西南民族学院学报(哲学社会科学版)》2001年第4期。

类主客体互动实践的不同形式,可参照宪法价值关系主客体互动过程而探寻土地整理立法价值关系主客体互动过程。土地整理立法价值关系主客体互动过程也可分为四个步骤:第一,主体基于主观需要和对客体的认知而提出立法要求;第二,立法要求作用于客体并导致其发生改变;第三,主体基于对改变后客体的认知,并参照之前的立法要求,就改变后客体文本及其作用进行价值判断;第四,主体基于价值判断的结果,并结合主观需要和对客体的认知,产生新的立法要求。新的立法要求又作用于客体并导致其发生改变而进入后续步骤,如此互动即成为一个周而复始的循环过程。

1. 立法要求

其一,立法要求的提出,较宪法要求更强调实施性、针对性。要立足于差异化的土地整理现实,结合土地整理活动的民主、人权、正义、秩序属性,在各类现实利益需求的基础上提出土地整理法律规范具体诉求。其二,立法要求的适用,较宪法要求的适用门槛更低。作为普通部门法之土地整理立法的位阶至多到普通法律层级,在提出、审议、表决程序上皆更具灵活性,则更容易实现对价值关系客体的改变。

2. 价值评价

其一,立法文本评价,即对土地整理法律规范的内容设计与技术运用进行价值判断,通过静态分析得出优劣与否、水平高低的结论。在立法内容上,要分析其立法目的是否正当、规范设计是否科学、制度设计是否全面等问题;在立法技术上,要分析其结构、顺序、语言、表达方式是否规范、有无歧义等问题。其二,立法作用评价,即对土地整理法律规范在土地整理实践中发挥的实际效用进行价值判断,通过动态分析得出积极与否的结论。作用积极或消极一般受立法文本的合理性、相关制度背景的进步性、具体制度内容运作的有效性、相关法律意识水平等因素制约。

第二节　根据宪法道德性价值确立土地
整理立法道德性价值

"根据宪法道德性价值确立土地整理立法道德性价值"就是从道德性价值方面来探讨宪法价值如何适用于土地整理立法。宪法道德性价值包括宪法价值要素和宪法价值要素的渊源两方面内容,根据它所确立之土地整理立法道德性价值也应体现在这些方面。在宪法于价值层面应呈现之根本法属性的作用下,土地整理立法道德性价值应契合于宪法道德性价值,也不妨从价值要素和价值要素的渊源这两个方面对其进行解读。

一、土地整理立法的价值要素

宪法价值要素为民主、人权、正义和秩序,民主是逻辑起点、人权是终极目的、正义是实现手段、秩序是基本保障。土地整理立法的价值要素即土地整理立法作为一种法现象所蕴含的具体道德性观念与标准,其源自宪法的价值要素,但也独具特性。

（一）土地整理立法的民主价值

土地整理立法的民主价值也显现于与宪法的民主价值类似之公民、国家的二元结构中。

1. 公民之民主价值

就公民而言,土地整理立法的民主价值主要凸显于土地整理中的公民参与。这种公民参与不是对国家政治生活的参与,而是公民参与社会生活、经济生活的延伸。其作为一种公共政策执行模式,通过一系列的措施促使公民主动全面地介入土地整理项目立项、实施和验收的全过程。并且要更多地与土地整理协会这样的社会组织相衔接,而非简单的公民个体参与,如此方能确保参与的实效。当然,这样的参与也有助于培育、锻炼作为宪法民主价值核心的公民政治参与意识、能力。

2. 国家之民主价值

就国家而言,土地整理立法的民主价值主要凸显于政府相关职能部门在土地整理中的角色设定。与宪法的民主价值要规制国家权力行使、规范国家机关运作以促成公民权利之实现一样,土地整理中的国家公权力也应被有效地规制。土地整理究竟是一种政府就耕地保护而实施的行政管理行为,还是政府主导下的准行政合同行为,抑或是政府指导下的市场自治行为?后两者似乎更切合民主价值的要求。事实上,有限政府也是市场经济下土地整理立法民主价值的应有之义。

（二）土地整理立法的人权价值

土地整理立法的人权价值源自宪法的人权价值,但与宪法人权价值下追求全面、普适的基本权利之实现所不同的是,土地整理中的人权更多地局限于社会经济权利领域的权属与利益。

1. 权属之人权价值

土地整理立法于权属之人权价值主要凸显于土地整理立法就土地整理中的权属和权属调整所作之设置。包括土地整理权利人在未利用地开发过程中的权属设置和在低效耕地整理过程中的权属设置两个方面,皆涉及权利人的土地所有权、使用权和他项权利之确认、调整及变更登记问题。平等、自由、政治权利则通过土地整理中的公民参与而同土地整理立法的民主价值产生一定交集并有所显现。

2. 利益之人权价值

土地整理立法于利益之人权价值主要凸显于土地整理立法需要在土地整理权利人与土地整理法律秩序、权利人个体利益与土地整理相关公共利益之间实现平衡。土地整理立法的人权价值与宪法的人权价值在个体利益与公共利益之间实现平衡的确认上是一致的。当构建、维护土地整理法律秩序与土地整理权利人差别化的利益诉求发生冲突时,当基于提高土地利用率、产出率等公共利益目标而调整土地所有权、使用权、他项权利与土地整理权利人利益最大化发生冲突时,皆需在相关利益有所牺牲前提下方能实现平衡。

（三）土地整理立法的正义价值

宪法的正义价值映射于土地整理立法上,就是追求自然资源开发、利用与受益的正义理念,不但要实现土地整理活动实体上的正义,也要实现其程序上的正义。

1. 实体上的正义价值

土地整理立法在实体上的正义价值主要凸显于在土地整理的指导思想、基本原则和整理结果三方面达到正义价值的要求。其一,就指导思想而言。必须从促进社会进步和符合绝大多数人的最大利益角度出发,总体上使整理区域形成合理、高效、集约的土地利用结构,提高土地利用效率,而适应社会经济发展对土地的需求。具体而言要增加有效耕地面积、改善农村生态环境、提高农村现代化水平等。其二,就基本原则而言。可设定合宪合法原则、可持续性原则、一致性与差异性相协调原则、综合效益原则和严格规制原则等。从实际出发,因地制宜地开展土地整理,必须符合自然发展规律和社会经济发展规律。其三,就整理结果而言。主要是土地整理的内容达到预期效益,能使产权主体、投资主体和监管主体公正地享受到其带来的好处,进而形成农村土地资源的良性循环。整理内容包括:农地开发、农地平整、农田水利设施建设、农田道路建设、农田防护林网建设、农地土壤改良、农村居民点归并集中、调整土地承包经营权和宅基地使用权等。

2. 程序上的正义价值

土地整理立法在程序上的正义价值主要凸显于土地整理的运作程序应基于正义的考量体现出程序公正,使土地整理过程中多方主体在法律许可下按自己意志自由开展相关活动。土地整理法律制度要设定授权性规范以充分保证权利者的权利自由,实现土地整理多方主体特别是居于弱势地位的农民对土地整理项目运营的全程积极主动参与。在立项阶段,必须让相关主体共同参与项目论证,就土地整理的方案、可行性、设计、权属调整及预算编制等问题充分协商,达成最大限度的共识;在实施阶段,必须按照既定规划和工程设计有组织地进行,确保项目运行符合进度要求和设计意图;在验收阶段,必须保证土地整理项目达到预期目标、完成既定任务、发挥应有效益。

（四）土地整理立法的秩序价值

土地整理立法的秩序价值源自宪法的秩序价值,其目的在于防范土地整理活动中的无序与混乱,实现国家管理、经济发展和社会进步的有序化。土地整理立法的秩序价值也应与宪法的秩序价值一样,表现为行为秩序价值和关系秩序价值。

1. 行为秩序价值

土地整理立法的行为秩序价值主要凸显于要求行为者按照法律设定或引导的模式实施行为。如《中华人民共和国土地管理法》第41条就设定了土地整理的实施模式,即组织者为县、乡(镇)人民政府,整理依据是土地利用总体规划和土地开发整理规划、土地整治规划等土地利用专项规划,整理对象是田、水、路、林、村。

2. 关系秩序价值

土地整理立法的关系秩序价值主要凸显于基于法律规定而产生的具体土地整理法律关系,可从土地整理产权主体、融资主体和监管主体三方之间权利义务关系的角度来进行分析。土地整理产权法律关系是复合的,涉及相关权利人的土地所有权、使用权和他项权利之确认、调整及变更登记;土地整理融资法律关系是多元的,涉及农民、农村集体经济组织、公司企业、国家、国际组织等各种类型的融资;土地整理监管法律关系是繁杂的,涉及监管权限的划分、权属调整监管、整理过程监管、整理绩效监管等各个方面。

二、土地整理立法价值要素的渊源

要从宪法主体视角、客体宪法视角两方面分析宪法价值要素的二元化渊源。人性是民主、人权、正义、秩序的第一渊源,纯粹的宪法、宪法规范是民主、人权于人性以外的第二渊源。土地整理立法价值要素的渊源即产生土地整理立法所蕴含具体道德性观念与标准的根源和基础,其与宪法价值要素的渊源一样都与人性密不可分。但纯粹的宪法、宪法规范能成为宪法之民主、人权要素的第二渊源却是土地整理立法之民主、人权要素不可复制的。纯粹的宪法、宪法规范与民主、人权的天然关联并不能当然地传递于纯粹的土地整理立法、土地整理法律规范,且该类立法之民主、人权要素的内涵远远窄于宪法之民主、人权要素,故而根据宪法价值要素的渊源所确立之土地整理立法价值要素的渊源应仅限于人性所表征的主体视角。土地整理立法与宪法一样都是"国家创制的,归根到底是人创制的"[1],其民主、人权、正义、秩序要素的产生也必然有其人性基础,都"建立在对人的自利心、有限的同情心、向往自由、追求秩序等人性基本面向的前提下"[2]。"马克思主义主要从自然属性、社会属性和精神属性三个方面揭示了人性的内涵。"[3]可从"马克思主义人性观"的这三个方面,展开对土地整理立法价值要素人性渊源的分析。

---

① 吴家清:《论宪法价值发生的人性基础》,《广东商学院学报》2001 年第 1 期。
② 陈雄:《宪法基本价值研究》,山东人民出版社 2007 年版,第 51 页。
③ 卓泽渊:《法的价值论(第二版)》,法律出版社 2006 年版,第 86 页。

（一）人的自然属性对土地整理立法价值要素的影响

人是自然界长期发展的产物，当然具有自然属性。哈特的"最低限度内容的自然法"命题就此有清晰的界定。哈特指出，人类社会有一个自然目的和五个自然事实。一个自然目的就是生存和继续生存。五个自然事实是：(1)人是脆弱的。(2)人类大体上平等。(3)有限的利他主义。(4)有限的资源。(5)有限的理解和意志力。[1] 哈特所概括的自然目的和自然事实决定了人基本的自然需求。"一般而言，人基本的自然需求有如下几个方面：(1)食物、衣服、住处等的需求，这种需求是为了生存下去。(2)性需求，性的需求是为了繁衍后代和愉悦感双重需求的满足。(3)安全需求，避免外界的侵犯以求自保的安全需求是人的自然本性。"[2]人的自然属性在多个层面影响着土地整理立法价值要素的产生。

1.人的自然属性决定了土地整理立法的价值使命

人为了满足自己在土地整理中获取更高利用率、产出率的土地及相关收益以实现更好地继续生存的自然需求，就必然要面对其实现满足之土地整理行为的正当性判断问题。但遏制非正当的土地整理行为仅靠土地整理行为人的良心、道德、理性是不够的，需要更具强制力、约束力的土地整理法律规范。如此，人的自然属性即确立了土地整理立法弥补土地整理行为人的良心、道德、理性难以实现之目标的价值使命。

2.人的自然属性是土地整理立法部分价值要素的直接依据

人在土地整理中最基本的自然需求就是物质利益需求，土地整理立法的人权、正义、秩序价值要素往往显现于土地整理行为人的良心、道德、理性无力实现充分规制之时。要基于实体正义和程序正义的制度设计，通过土地整理立法构建相应行为秩序与关系秩序，而实现土地整理权利人的土地所有权、使用权和他项权利之人权需求。若没有人的物质利益需求，何以驱动土地整理之开展？又何来制定专门土地整理立法而实现规制的必要？

（二）人的社会属性对土地整理立法价值要素的影响

人是社会的人，必然具有社会属性，社会属性使人得以区别于其他生命

---

① 参见张文显：《二十世纪西方法哲学思潮研究》，法律出版社 1996 年版，第 97—99 页。

② 陈雄：《宪法基本价值研究》，山东人民出版社 2007 年版，第 48 页。

体。"社会人是比自然人高一层次的人的状态,其获得了与同类交往的机会,并在通过与同类交往中实现在自然状态下所没有的权利和利益。"①霍尔巴赫基于人的互利动机分析了人的社会属性。"人总是需要别人帮助的,他任何时候也不会完全忘记团结互助的优越性,更不会忽视这些优越性。他始终认清,只有社会才能保障他必需的生活福利,才能保证他有能力对付大自然给予的考验。"②霍布斯则从人的自利、相互敌对角度来界定人的社会属性。"任何两个人如果想取得同一东西而又不能同时享用时,彼此就会成为仇敌。"③土地整理立法价值要素在多个层面为人的社会属性所决定。

1. 土地整理立法的产生应以人的社会属性为前提

人若不具备社会属性,则不能生成土地整理中人与人之间的权利义务关系。土地整理立法作为调整土地整理中人与人之间关系的行为准则,若不存在土地整理中人与人之间的合作、侵犯、利益交换与输送,则何需其之存在而实现对土地整理行为的有效规制呢? 土地整理中的人若无社会属性,则使土地整理立法失去了存在理据。

2. 土地整理立法部分价值要素最直接的基础来自人的社会属性

人的社会属性是民主、正义、秩序价值要素最根本的依据。凸显土地整理民主价值的公民参与若仅存于一个人的世界则无需参与。公民参与若无参照系,又何来参与客体或被参与的主体? 土地整理中实体正义和程序正义皆显现于土地整理这样的公共生活中,无社会属性的人不存在介入公共生活的可能,则无所谓正义或非正义。土地整理法律秩序作为一种"一致性、连续性和确定性"的行为模式、关系状态,若只是个体的恣意妄为又何需设定行为模式? 不存在人与人的关系则何以成就关系状态?

(三) 人的精神属性对土地整理立法价值要素的影响

人的精神属性即意识性使人的劳动区别于其他生命体的劳动并独具创造特质,是人区别于其他生命体的又一重要属性。"人的意识性,使人的自

---

① 张淑芳:《宪法运作的实证分析》,山东人民出版社 2011 年版,第 23 页。
② [法]霍尔巴赫:《自然政治论》,陈太先、眭茂译,商务印书馆 1994 年版,第 5—6 页。
③ [英]霍布斯:《利维坦》,黎思复、黎廷弼译,商务印书馆 1985 年版,第 93 页。

然性、社会性与动物的自然性、社会性相区别。"①" 定区域内的人有着共同的道德标准,此种标准并不是由权威机关认可的,而是人们主观意识中的一种自觉认同。"②土地整理立法价值要素作为一种具体的道德性观念与标准是土地整理中的人自觉认同并达成一致的产物,是人的精神属性发挥作用的结果。

1.人的精神属性是土地整理立法价值要素产生的精神基础

土地整理作为人能动地、创造性地改造土地资源的一种活动是为人的精神属性所驱动的。土地整理立法虽然在一定程度上可以是土地整理进展到一定阶段后自觉不自觉的产物,但那是就土地整理活动本身的持续发展意义而言的。若完全排除土地整理中的人之主观意志、主体创造性,土地整理立法是难以产生的。如果土地整理中的人不恰当地运用自己的意识能力,不能就土地整理中的人与人关系做到理性认知与处置,也不可能创设出实现人自我控制、自我教育与自我完善的土地整理法律规范。

2.人的精神属性可以定向源自人的自然、社会属性之土地整理立法价值要素

源自人的自然属性之人权、正义、秩序价值要素与源自人的社会属性之民主、正义、秩序价值要素共同汇聚成土地整理立法的价值要素。无一例外,它们皆无法脱离人的精神属性,是人精神活动的结果。追求价值要素作为人在土地整理活动中的一般目的,影响着土地整理法律关系主体就客体之选择,决定了主体活动的指向性。人在创制土地整理立法时,或许不能就土地整理立法的价值产生全面认知,但与各价值要素相关的、带指向性的价值目标一定是预先设定的。

第三节 根据立法主体规定设定土地整理立法主体

"根据立法主体规定设定土地整理立法主体"就是从立法主体规定方面来探讨宪法立法体制规范如何适用于土地整理立法。宪法立法主体规定

① 卓泽渊:《法的价值论(第二版)》,法律出版社2006年版,第103页。
② 张淑芳:《宪法运作的实证分析》,山东人民出版社2011年版,第32页。

生成的规范命题为狭义的法定立法主体和广义的参与立法主体,根据它所设定之土地整理立法主体也应体现在这些方面。在宪法于规范效力层面应呈现之根本法属性的作用下,土地整理立法主体作为宪法立法主体规定确立之立法主体制度存在的一个具体领域,应依据该类规定进行具体设定,以探寻契合于宪法立法主体规定的土地整理立法主体。故而设定土地整理立法主体不妨也从规范主义与经验主义的双重视角进行,当然经验主义视角下的其他立法主体在土地整理立法活动中的表现更显现其独特之处。

一、规范主义视角下的土地整理立法主体

规范主义视角下的立法主体即法定立法主体,规范主义视角下的土地整理立法主体也就是法定土地整理立法主体,后者是前者在土地整理立法领域的具体化。就应然层面而言,我国所有的法定立法主体皆可进行土地整理立法;但就实然层面而言,囿于立法权限的限制和“被动立法”①的习惯,我国实际进行土地整理立法活动的立法主体当窄于法定立法主体的范围。

就国家权力机关而言,法定立法主体分为三类:全国人民代表大会及其常务委员会;省、自治区、直辖市和较大的市的人民代表大会及其常务委员会;民族自治地方的人民代表大会。全国人民代表大会及其常务委员会可就土地整理活动作根本的、完整的、独立的立法设定,该类立法当属土地整理部门法体系的基石。省、自治区、直辖市和较大的市的人民代表大会及其常务委员会可在不与上位土地整理立法相抵触的前提下,根据本行政区域土地整理活动的具体情况和实际需要,就土地整理活动作具体的、实施性的立法设定。民族自治地方的人民代表大会可在不违背上位法基本原则的前提下,根据当地民族的政治、经济和文化特点,就上位法针对该民族自治地方所作专门规定以外的土地整理立法规定作出变通规定。

就国家行政机关而言,法定立法主体分为三类:国务院;国务院各部、委

---

① 参见曲三强:《被动立法的百年轮迴——谈中国知识产权保护的发展历程》,《中外法学》1999 年第 2 期;王培斌:《刑事立法摆脱被动应对局面的思考——评全国人大常委会关于信用卡犯罪的立法解释与刑法修正案》,《天津市政法管理干部学院学报》2005 年第 3 期。

员会、中国人民银行、审计署和具有行政管理职能的直属机构;省、自治区、直辖市和较大的市的人民政府。国务院可就土地整理活动作先行的、受制从属于全国人大及其常委会的立法设定,该类立法当属土地整理部门法体系最核心的组成部分。国务院各组成部门可基于本部门管理土地整理活动的需要,在不与上位土地整理立法相抵触的前提下,就土地整理活动作直接受制从属于国务院的、具体的、实施性的立法设定。当然并非所有的国务院组成部门都要管理土地整理活动,主要职能部门是国土资源行政部门(国土资源部),相关职能部门包括水利部、财政部、监察部、审计署等。省、自治区、直辖市和较大的市的人民政府可基于本行政区域内具体管理土地整理活动的需要,在不与上位土地整理立法相抵触的前提下,就土地整理活动作更具体的、更具实施性的立法设定。

就国家军事机关而言,法定立法主体分为两类:中央军事委员会和中央军事委员会各总部、军兵种、军区。土地整理并非军事立法范围,则国家军事机关当不属于法定土地整理立法主体。

综上所述,我国应然的法定土地整理立法主体为:全国人民代表大会及其常务委员会;省、自治区、直辖市和较大的市的人民代表大会及其常务委员会;民族自治地方的人民代表大会;国务院;省、自治区、直辖市和较大的市的人民政府;涉及土地整理事务的部分国务院组成部门。规范主义视角下的土地整理立法与其他立法一样只能是国家机关的专有活动,其他任何社会组织、团体和个人非经国家机关授权或法律规定不得进行这种活动。进行土地整理立法活动之国家机关的资格取得须以宪法或法律的明确规定或有效授权为限,国家机关进行的土地整理立法活动必须在立法权限范围内展开。

二、经验主义视角下的土地整理立法主体

经验主义视角下的立法主体以对立法活动起到实质性作用或产生重要影响为主要标准,范围较规范主义视角下的立法主体(法定立法主体)更广,可在法定立法主体的基础上扩张至国家审判机关、国家检察机关、社会组织、公民这样的其他立法主体。经验主义视角下的土地整理立法主体范围较规范主义视角下的土地整理立法主体(法定土地整理立法主体)也要

更广,国家审判机关、国家检察机关、社会组织、公民这样的其他立法主体当然也可就土地整理立法活动起到实质性作用或产生重要影响。但土地整理立法除有与其他立法一样的普遍性外,还具有特殊性,故而经验主义视角下的其他立法主体在土地整理立法活动中的表现更显现其独特之处。土地整理立法作为一种典型的社会法法域下的经济法,更多地强调在社会利益前提下透过公共治理实现其目的性价值与道德性价值。"所谓公共治理,就其构成而言,是由开放的公共管理元素与广泛的公民参与元素整合而成——'公共治理=开放的公共管理+广泛的公共参与',二者缺一不可。"①因此,土地整理立法中的其他立法主体应更多地强调超出国家审判机关、国家检察机关这样的国家机关范畴,而从公共参与的角度加以分析,社会组织、公民这样的其他立法主体应在土地整理立法中扮演更重要的角色。

社会组织、公民这样的其他立法主体作为土地整理立法的立法者,既要基于现实权利义务的利益诉求借助土地整理法律关系主体的身份而试图造就能实现自身利益最大化的土地整理行为秩序、土地整理关系秩序,又要超出土地整理法律关系主体的身份从行使主权之人民的角度而成为决定土地整理行为秩序、土地整理关系秩序的最终力量。"立法者在一切方面都是国家中的一个非凡人物。如果说由于他的天才而应该如此的话,那么由于他的职务他也同样应该如此。这一职务决不是行政,也决不是主权。这一职务缔造了共和国,但又绝不在共和国的组织之内;它是一种独特的、超然的职能,与人间世界毫无共同之处;因为号令人的人如果不应该号令法律的话,那么号令法律的人也就更不应该号令人;否则,他的法律受到他的感情所支配,便只能经常地贯彻他自己的不公正,而他个人的意见之损害他自己的事业的神圣性,也就只能是永远不可避免的。"②故而创制规则的立法者身份应至少是二元的,我国土地整理立法中社会组织、公民这样的其他立法主体也同样如此。

社会组织、公民这样的其他立法主体作为土地整理立法的立法者,除了

---

① 罗豪才、宋功德:《软法亦法——公共治理呼唤软法之治》,法律出版社 2009 年版,第 37 页。

② [法]卢梭:《社会契约论》,何兆武译,商务印书馆 2003 年版,第 51—52 页。

应从上述人民主权角度加以分析外,还应更多地将其作为立法活动的参与者而解读。这里的其他立法主体可划分为:土地整理法律关系以外的社会组织、公民和土地整理法律关系中的社会组织、公民。其一,就土地整理法律关系以外的社会组织、公民而言,更多地以立法相关国家机关中的立法者身份,基于其公职义务、职责权限而实现在土地整理立法活动中的整体性、根本性、决策性参与。这样的参与才能完成马布利所言之立法者的使命:"立法者应当深入到人们的内心,查明内心的所有角落,揭开内心的一切秘密。"①"立法者应当研究我们的欲念的来源和演变,研究它们的奇怪的念头,查明它们能够如何发作,以及怎样能够克制它们。"②这种参与往往意味着实质性的、有拘束力的决策,以该方式实现参与的其他立法主体就成为立法活动的实际推动者和实施者。其二,就土地整理法律关系中的社会组织、公民而言,更多地以立法相关国家机关以外的立法者身份基于立法民主化、科学化的需要而实现在土地整理立法活动中局部性、表面性、建议性参与。这样的参与随参与制度健全与否而决定参与的实效,当然更多的是提供无拘束力的决策参考而已。我国土地整理立法中的其他立法主体更多地是以立法相关国家机关以外的立法者身份参与立法。

第四节　根据立法权限规定设定土地整理立法权限

"根据立法权限规定设定土地整理立法权限"就是从立法权限规定方面来探讨宪法立法体制规范如何适用于土地整理立法。宪法立法权限规定生成的规范命题为立法权限实质要件与立法权限形式要件,根据它所设定之土地整理立法权限也应体现在这些方面。在宪法于规范效力层面应呈现之根本法属性的作用下,土地整理立法权限作为宪法立法权限规定确立之立法权限制度存在的一个具体领域,应依据该类规定进行具体设定,以探寻契合于宪法立法权限规定的土地整理立法权限。故而设定土地整理立法权限不妨也从实质要件与形式要件两个方面展开,当然唯实质要件方能更多

---

① ［法］马布利:《马布利选集》,何清新译,商务印书馆1960年版,第52页。
② ［法］马布利:《马布利选集》,何清新译,商务印书馆1960年版,第55页。

地体现出土地整理立法权限的特殊性而产生决定性影响。

一、土地整理立法权限实质要件

土地整理立法权限实质要件即根据宪法的立法事项规定需厘清的土地整理立法事项,是指有关国家机关有权进行土地整理立法的具体事项或土地整理立法文本所规定的具体事项。解决土地整理立法权限实质要件所涉问题应在依据宪法之立法权限实质要件规定的前提下,注意立法在土地整理领域的特殊性,具体可从两个方面进行土地整理立法事项之设定。

(一) 土地整理本身之立法事项设定

土地整理本身之立法事项设定是指土地整理本身作为一种立法事项当归属于哪些立法主体的立法事项范围。土地整理本身作为一种立法事项,既不是《立法法》第9条列明的全国人民代表大会及其常务委员会之专属立法事项,也不是《立法法》第8条列明的全国人民代表大会及其常务委员会之可授权立法事项,至多可归于"必须由全国人民代表大会及其常务委员会制定法律的其他事项"之列,即以全国人民代表大会及其常务委员会不就土地整理进行立法为原则、以全国人民代表大会及其常务委员会就土地整理进行立法为例外。原则上,土地整理本身作为一种立法事项不属于全国人民代表大会及其常务委员会的立法事项范围,是属于除军事立法机关以外包括国务院在内的其他5类立法主体的立法事项范围。

这样的立法事项设定契合了我国将土地整理置于相关法律、行政法规、部门规章、地方性法规、地方政府规章中作零散规定而未作为独立部门法系统、单列规定的立法现实。若土地整理仅仅就是一种土地管理行为或水土保持行为,这样的立法事项设定当然无可厚非。但土地整理真的仅仅只是一种土地管理行为或水土保持行为吗?前文的论述已经给出了答案。故而土地整理本身作为一种复合型立法事项可上升至"基本经济制度"层面,由全国人民代表大会及其常务委员会来进行立法。当然,这样的立法事项设定并不等于土地整理一定就属于全国人民代表大会及其常务委员会的立法事项范围,应将土地整理归于"全国人民代表大会及其常务委员会之可立法事项范围"。若全国人民代表大会及其常务委员会就土地整理进行了立法,土地整理法作为一类独立部门法被系统、单列规定,至少该立法、该部门法体系设定在立法事项上是合宪的。

（二）土地整理中具体立法事项设定

土地整理中具体立法事项设定是指土地整理中哪些具体事项需上升至立法层面予以规定，需上升至立法层面的具体事项当归属于哪些立法主体的立法事项范围。土地整理作为一种开发"未作任何利用的土地"和整理"正作农业利用中的土地利用率和产出率偏低的耕地"的一系列土地整治活动，所涉具体事项相当庞杂。并非所有具体事项皆需上升至立法层面予以规定，可就需立法规定的具体事项进行列举，主要包括7类：土地整理立法原则、土地整理组织机构、土地整理资金来源、土地整理程序、土地整理权属设计、农民参与土地整理、土地整理法律责任。这些具体事项中，土地整理资金来源、土地整理权属设计可能涉及全国人民代表大会及其常务委员会的可授权立法事项，土地整理法律责任可能涉及全国人民代表大会及其常务委员会的专属立法事项。故而设定这3类具体事项应尤为审慎，在作为一类独立部门法被系统、单列规定时更应注意与相关法律的协调，避免发生抵触。其他4类具体事项在作为一类独立部门法被系统、单列规定时的开创性、变通性、实施性则更强，在与上位法规定保持原则性一致的前提下需更强调土地整理立法本身应有的特殊性，可更多地结合各部门、各地方的实际情况因事而制宜、因地而制宜作具体规定。

二、土地整理立法权限形式要件

土地整理立法权限形式要件即根据宪法的立法形式规定、立法程序规定、立法适用范围规定需厘清的土地整理立法形式、土地整理立法程序、土地整理立法适用范围。它们更多地以解决立法主体行使立法职权的方式及立法结果的表现形式等问题为目的，这些问题正是以宪法典相关规定、立法法为核心所构建的我国规范化、健全化立法制度的原则性内容，事实上相关规定也占据了立法法的大部分篇幅。我国立法权限划分体制是"中央统一领导和一定程度分权的，多级并存、多类结合的立法权限划分体制"[1]，土地

---

① 周旺生：《立法学》，法律出版社2004年版，第144页。

整理立法作为这一体制下的一种"执行性、补充或变通性、自主性"①的从属性立法,就我国立法制度的原则性内容更多地应是遵从与当然适用。故而解决土地整理立法权限形式要件所涉问题应更注重各类立法的普遍性,强调宪法之立法权限形式要件规定的当然、直接适用。

(一) 土地整理立法形式

土地整理立法形式是指土地整理立法主体来表现土地整理立法事项所运用的规范性文件形式。宪法的立法形式规定可当然、直接适用于土地整理立法。

法律是土地整理立法可能运用的规范性文件形式,但若将土地整理立法设定为一类独立部门法,则成为土地整理立法必须运用的规范性文件形式。

土地整理立法惯常运用的规范性文件形式应是行政法规、地方性法规、国务院部门规章、地方政府规章,我国的土地整理立法现实也印证了此点。

单行条例也是土地整理立法可能运用的规范性文件形式,当民族区域自治地方的土地整理活动涉及当地民族政治、经济、文化特殊问题时,应运用单行条例这样的规范性文件形式作变通规定。

自治条例、军事法规、军事规章不是土地整理立法运用的规范性文件形式。

(二) 土地整理立法程序

土地整理立法程序是指土地整理立法主体在土地整理立法活动过程中只具有哪些程序上的权力和必须经过何种程序。宪法的立法程序规定可当然、直接适用于土地整理立法。

所有的土地整理立法与其他立法一样都需经过"提出法案、审议法案、表决通过法案和公布法的立法程序"四个阶段。

(三) 土地整理立法适用范围

土地整理立法适用范围是指土地整理立法主体所进行的土地整理立法只能在哪些领域或哪些方面产生效力。宪法之立法适用范围规定所确立的效力位阶原则和效力准则原则可当然、直接适用于土地整理立法。一旦发

---

① 朱力宇、张曙光:《立法学》,中国人民大学出版社2006年版,第144页。

生效力冲突,同样适用《立法法》第 5 章之规定。

第五节　根据权属规定确立土地整理权属设置

"根据权属规定确立土地整理权属设置"就是从权属规定方面来探讨宪法土地问题规范如何适用于土地整理立法。

权属设置是土地整理立法内容的重要组成部分,依前文厘清之土地整理概念可分为未利用地开发权属设置与低效耕地整理权属设置。未利用地开发权属设置包括未利用地开发前之权属与未利用地开发后之权属调整两个方面。低效耕地整理权属设置包括低效耕地整理前之权属与低效耕地整理后之权属调整两个方面。"土地的产权调整已经成为土地整理中很重要的一部分,保持土地产权的明晰、权能的完整、权能构成的合理以及产权足够的流动性是土地整理成功的关键。"[1]"应遵照土地所有权尽量不变和土地使用位置面积可适当调整原则确定土地权属调整范围。除飞地、插花地外,项目区范围内土地所有权原则上尽量不调整;对确实需要调整的土地使用权、承包经营权,位置应尽量与开发整理前保持一致或大致相当,尽量减少项目区土地权属调整的范围,避免因权属调整范围过大、涉及土地权利人过多,导致土地权属管理工作难以落实。"[2]这在事实上确立了"土地所有权尽量不变"原则。

宪法典自然资源、土地权属规定生成的规范命题为自然资源、土地的两类非私有原则,根据它所确立之土地整理权属设置也应体现在这些方面。在宪法于规定的内容上应呈现之根本法属性的作用下,当基于自然资源、土地之两类非私有原则结合土地整理立法相关规定探寻类型化的适用路径。前文界定的我国土地整理立法所涉开发整理的土地可分为两个类:欲开发之"未作任何利用的土地"和欲整理之"正作农业利用中的土地利用率和产出率偏低的耕地"。前类土地当适用自然资源之非私有原则,即以国有制

---

① 付梅臣、王金满、王广军:《土地整理与复垦》,地质出版社 2007 年版,第 16 页。
② 国土资源部土地整理中心:《土地开发整理项目可行性研究与评估》,中国人事出版社 2005 年版,第 98 页。

为原则、法定集体所有制为例外;后类土地当适用土地之非私有原则,即以集体所有制为原则、法定国有制为例外。因为土地开发、整理后皆可能涉及权属调整问题,故非私有原则的适用也应作相应调整,而各自分为开发前、后与整理前、后两个阶段。因此应根据这种类型化适用路径,在"土地所有权尽量不变"原则指引下整合相关立法之既有规定,于未来可能的单行土地整理法典中以"权属设置"专章就土地整理权属问题作出统一设定。

一、未利用地开发之权属设置

"未作任何利用的土地"即"四荒"(荒山、荒沟、荒丘、荒滩)。自然资源非私有原则适用于未利用地开发权属设置,即意味着将未利用地作为一种土地以外的自然资源来予以规制,耕地、林地、草原等传统意义的土地不得作为未利用地进行开发,不适用土地非私有这一特殊性原则。可依此原则对《中华人民共和国土地管理法》、《中华人民共和国土地管理法实施条例》和《治理开发农村"四荒"资源管理办法》就未利用地开发权属设置的零散规定,结合 1996 年《国务院办公厅关于治理开展农村"四荒"资源进一步加强水土保持工作的通知》、1999 年《国务院办公厅关于进一步做好治理开发农村"四荒"资源工作的通知》的相关规定进行系统梳理。

(一) 未利用地开发前之权属

未利用地开发前之权属根据自然资源非私有原则,应以国有制为原则、法定集体所有制为例外。欲开发两类所有制下的未利用地,首先应遵循《中华人民共和国土地管理法》第 39 条确立的依法科学开发原则(开垦未利用的土地,必须经过科学论证和评估,在土地利用总体规划划定的可开垦的区域内,经依法批准后进行),而后确定权属。

1. 国有未利用地开发前之权属

应由县级以上地方人民政府、国务院分级行使国家对国有未利用地的所有权。

《中华人民共和国土地管理法》第 40 条、《中华人民共和国土地管理法实施条例》第 17 条就此予以了规定:开发未确定土地使用权的国有荒山、荒地、荒滩从事种植业、林业、畜牧业、渔业生产的,应当向土地所在地的县级以上人民政府国土资源行政部门提出申请,报有批准权的人民政府批准。

但是一次性开发未确定土地使用权的国有荒山、荒地、荒滩600公顷以下的,按照省、自治区、直辖市规定的权限,由县级以上地方人民政府批准;开发600公顷以上的,报国务院批准。

2.集体所有未利用地开发前之权属

权属明确的集体所有未利用地应依法通过合同转让使用权,但集体所有未利用地的范围、权属界定与开发方向则由县级以上人民政府来决定。集体所有"四荒"可以在不改变土地所有权的前提下,由农村集体经济组织将其使用权在规定期限内转让给受让方,由受让方按合同约定进行综合治理、开发利用。使用权的转让包括拍卖、承包、租赁、股份合作制等多种方式。

《治理开发农村"四荒"资源管理办法》和《国务院办公厅关于治理开展农村"四荒"资源进一步加强水土保持工作的通知》《国务院办公厅关于进一步做好治理开发农村"四荒"资源工作的通知》就此予以了规定:界定集体所有"四荒"必须通过政府组织国土资源行政部门会同有关部门编制土地分类和划定土地利用区规划。在根据土地区位和利用条件确定"四荒"具体的治理开发方向后,方可转让使用权。权属不明确、存在争议的未利用土地,由县级以上人民政府依法确认权属;在问题没有解决前,不得将其作为集体所有之"四荒"进行使用权转让。国有之"四荒"不得以此种形式进行开发。

(二) 未利用地开发后之权属调整

未利用地开发后之权属调整是指未利用地各权利人通过未利用地开发项目参与者公认的权属设计机制,合法地取得开发项目运行过程中及竣工后土地上相应权利的过程。其根据自然资源非私有原则,也应以国有制为原则、法定集体所有制为例外。遵循前述"土地所有权尽量不变原则"前提下,通过调整使用权而推动开发国有、集体所有之"四荒"。

1.国有未利用地开发后之权属调整

应确认国有未利用地开发后的使用权转让对象与转让期。

《中华人民共和国土地管理法》第40条、《中华人民共和国土地管理法实施条例》第17条就此予以了规定:开发未确定土地使用权的国有荒山、荒地、荒滩从事种植业、林业、畜牧业或者渔业生产的,经县级以上人民政府依法批准,可以确定给开发单位或者个人长期使用,使用期限最长不得超过 50 年。

2. 集体所有未利用地开发后之权属调整

应确认集体所有未利用地开发后的使用权转让对象、转让程序与转让期,权属调整实施方案及转让合同需经县级人民政府批准。

《治理开发农村"四荒"资源管理办法》、《国务院办公厅关于治理开展农村"四荒"资源进一步加强水土保持工作的通知》、《国务院办公厅关于进一步做好治理开发农村"四荒"资源工作的通知》就此予以了规定:农村集体经济组织内的农民都有参与开发集体所有"四荒"的权利,同时积极支持和鼓励社会单位和个人参与。在同等条件下,本集体经济组织内的农民享有优先权。农村集体经济组织在转让"四荒"使用权之前,应成立由村民代表参加的工作小组,拟订方案,要规定开发"四荒"的范围、期限、方式与程序、估价标准,明确开发的内容和要求等,经村民会议或者村民代表大会讨论通过。实施方案由乡(镇)人民政府审查并提出意见后,经县级人民政府批准后实施。如果使用权转让对象是本集体经济组织以外的单位或个人,必须经村民会议 2/3 以上成员或 2/3 以上村民代表的同意。转让"四荒"使用权,农村集体经济组织要与对方签订合同或协议,合同或协议经县级人民政府批准后生效。农村集体经济组织不得因负责人的变动而随意变更合同内容或解除合同。若采取拍卖方式转让使用权,要标定拍卖底价,实行公开竞价。"四荒"使用权转让期限最长不得超过 50 年。开发者的"四荒"使用权受法律保护,依法享有继承、转让(租)、抵押或参股联营的权利。

二、低效耕地整理之权属设置

"正作农业利用中的土地利用率和产出率偏低的耕地"以土地利用率和产出率作为主要的判断标准。耕地土地利用率指耕地中的闲散土地(沟、渠、路等)占耕地之比率;耕地土地产出率指在单位面积耕地上投入劳动和资金与相应增加的农产品收获量之比率。"根据土地整理的典型经验,不同类型地区,农地整理可增加耕地面积 5% 左右,据此测算,全国通过农田整理可增加有效耕地约 600 万公顷。"[①] 土地非私有原则适用于低效耕

---

① 高向军:《土地整理理论与实践》,地质出版社 2003 年版,第 4 页。

地整理权属设置即意味着将低效耕地作为一种特殊的土地资源来予以规制。土地非私有原则作为专门适用于土地相关社会关系的特殊性原则,在此问题上当然较自然资源非私有这一普遍性原则优先适用。可依此原则就相关立法缺失的低效耕地整理权属设置予以清晰规定。

(一) 低效耕地整理前之权属

低效耕地整理前之权属根据土地非私有原则,应以集体所有制为原则、法定国有制为例外。欲整理两类所有制下的低效耕地,首先应根据土地调查和土地登记资料确认整理前的权属状况。"确定土地权属就是指确定土地所有权、使用权和土地他项权利。"①在整理前确认权属状况,应以整理项目区为单位,说明该宗耕地的权属性质、权利主体和权利客体。

1. 权属性质

权属性质即指附于该宗耕地上的权利是何种性质的权利。应通过所有者或使用者取得该宗耕地的原初方式来作出判断。根据土地非私有原则,整理前耕地的权属性质大致可分为以下5类:耕地集体所有权、耕地国家所有权、集体所有耕地使用权、国家所有耕地使用权、耕地他项权利(抵押权、租赁权、地役权等)。

2. 权利主体

权利主体即指该宗耕地的权利人为何。应包括耕地集体所有权人、耕地国家所有权人、集体所有耕地使用权人、国有耕地使用权人和耕地他项权利人。耕地集体所有权人包括3类:村农民集体、乡(镇)农民集体和村内农民集体;耕地国家所有权人就是国家;集体所有耕地使用权人一般应为本集体内部农民或农民组织,法定特殊情况下可以是本集体以外的个人或组织;国有耕地使用权人的范围最广,依法批准下任何个人或组织皆可,不限国籍、城乡;耕地他项权利人在合法的前提下也可以是任何个人或组织。

3. 权利客体

权利客体即指该宗耕地权利、义务所共同指向的对象。应分为5类:(1)耕地座落,该宗耕地所在地的名称;(2)耕地界址,该宗耕地的位置和范围(实地上的界址点及界标物,地籍图上的界址点符号、编号和界址点连

---

① 郝建新、邓娇娇:《土地整理项目管理》,天津大学出版社2011年版,第178页。

线,簿册上的界址点坐标或相对位置说明);(3)耕地面积,该宗耕地界址范围内的面积(文件上界址范围若与实地不一致以实地界址范围为准);(4)耕地地类,依国土资源部《土地分类》之规定,农用地以下3级分类,耕地以下灌溉水田、望天田、水浇地、旱地、菜地5类划分;(5)耕地等级与价格,反映该宗耕地的质量优劣程度而决定其价值。

(二) 低效耕地整理后之权属调整

低效耕地整理后之权属调整是指低效耕地各权利人基于耕地整理项目运行前在项目区耕地上所有的权利,通过耕地整理项目参与者公认的权属转换机制,合法地换回耕地整理项目竣工后耕地上相应权利的过程。其根据土地非私有原则,也应以集体所有制为原则、法定国有制为例外。遵循前述"土地所有权尽量不变原则"前提下,通过耕地所有权调整、耕地使用权调整及耕地他项权利调整推动整理集体所有、国有之低效耕地。

1.耕地所有权调整

(1)国有耕地与集体所有耕地之间的所有权调整。即指在田块合并、农田水利、道路建设等项目实施过程中,就国有耕地与集体所有耕地之间边界不规则处,基于田块连片规则、利于机械化操作规则,进行的所有权交换活动。该所有权交换既包括国有转换为集体所有,也包括集体所有征收为国有。所有权的交换应以不发生交换为原则而尽量控制交换范围,若发生交换须在等量或等价交换的前提下经双方充分协商后进行。

(2)集体所有耕地之间的所有权调整。即指在成片耕地整理项目实施过程中,就历史原因遗留的插花地、飞地和边界附近各集体所有耕地,基于田块连片规则、利于机械化操作规则,进行的所有权交换活动。该所有权交换仅限于不同集体之间所有权交换,不同集体既包括相邻集体也包括不相邻集体。所有权的交换应以不发生交换为原则而尽量控制交换范围,相邻集体若发生交换须在等量或等价交换的前提下经双方充分协商后进行,不相邻集体若发生交换须在等量或等价交换的前提下经各方充分协商后通过各自相邻集体依次进行。

2.耕地使用权调整

(1)农民承包经营权之间的调整。即指在田块合并、农田水利、道路建设等项目实施过程中,就农民承包耕地之间边界不规则处,基于田块连片规则、利于机械化操作规则,进行的使用权交换活动。使用权的交换要因地而制宜,基于各地经济发展状况设定多种交换模式单独适用或组合适用。其一,在经济欠发达、土地流转集中较难实现的地区,应采等质等量交换模式:在稳定承包经营权的基础上、保证农民承包耕地整理前后数量质量相当的前提下,重新分配、认定耕地使用权。其二,在经济较发达、部分农民转入其他产业并有相对稳定经济收入的地区,应采股份制交换模式:按整理前耕地地价或耕地质量评估结果折股,农民自愿组建股份制经营组织统一经营整理后耕地,持股农民按股份获取收益。其三,在经济发达、大部分农民稳定地转入其他产业并有可靠经济收入的地区,应采租赁制交换模式:在农民自愿的基础上、尊重契约的前提下,整理后耕地由相关集体适度集中地通过协议租赁给具备一定资质的经营主体统一经营,土地租赁费用按协议分配给出让使用权的农民。

(2)新增耕地使用权的调整。即指在项目实施后对新增耕地使用权的确权活动。应本着"谁投资,谁受益"①的原则,新增耕地使用权的确权依照耕地整理项目合同的约定进行,既要确定新增耕地使用权之归属,还要确定相关折抵建设用地指标之归属。新增耕地使用权既可归属于耕地整理项目投资者,也可归属于相关集体;相关折抵建设用地指标则应归属于耕地整理项目投资者。

3. 耕地他项权利调整

应包括耕地自身他项权利调整、耕地上建筑物他项权利调整。皆随耕地使用权的调整和耕地上建筑物所有权的变更、消灭,作相应变更登记或注销登记即可。

第六节　根据利用规定确立土地整理立法原则

"根据利用规定确立土地整理立法原则"就是从利用规定方面来探讨宪法土地问题规范如何适用于土地整理立法。宪法典自然资源、土地利用规定生成的规范命题为合理利用原则,根据它所确立之土地整理立法原则

---

① 付梅臣、王金满、王广军:《土地整理与复垦》,地质出版社 2007 年版,第 235 页。

也应体现在这一方面。在宪法于规定的内容上应呈现之根本法属性的作用下,无论是欲开发之"未作任何利用的土地"和欲整理之"正作农业利用中的土地利用率和产出率偏低的耕地",均应以"合理"为基本前提。"立法原则是指在一国立法活动中起指导作用的思想和具有基础或本源意义的稳定的法律原理和准则。"①土地整理立法原则应反映整个土地整理法律制度的根本性质和基本价值,作为一种基础性原理与准则适用于土地整理行为秩序、土地整理关系秩序之中。"一般来说具有以下几个特点:一般抽象性、价值指导性、基础性。"②自然资源、土地之合理利用原则作为宪法依据,须在回应土地整理立法价值的前提下,统领土地整理立法原则之具体设定。

一、合宪合法原则

合宪合法原则应作为土地整理立法首要原则而设定,可堪称土地整理立法原则体系的逻辑起点,以彰显"应当"合理利用的法理依据。若缺失该原则,其他各项原则的正当性与合法性皆无从谈起。在土地整理立法中设定合宪合法原则应包括两方面内容,即土地整理活动的合宪性、合法性和土地整理立法的合宪性。

(一) 土地整理活动的合宪性、合法性

土地整理活动的合宪性、合法性应从过程与层次两个方面来设定,前者考量土地整理活动合宪性、合法性是否全面,后者考量土地整理活动合宪性、合法性是否深入。其一,过程方面土地整理活动的合宪性、合法性。对宪法、法的遵守应贯穿于土地整理活动的全过程,从土地整理项目立项阶段的规划、审批、设计各个环节开始到土地整理项目的实施与验收,皆应合宪、合法。其二,层次方面土地整理活动的合宪性、合法性。实现土地整理活动合宪性、合法性的最低层次要求是各类土地整理法律关系主体严格依照宪法典和各位阶相关规范性文件之文本规范设定的行为模式享有权利、履行义务;最高层次要求是各类土地整理法律关系主体能在价值层面与宪法、法的价值取向保持一致,而共同构建从应然到实然顺利实现循环运转的土地

---

① 朱力宇、张曙光:《立法学》,中国人民大学出版社 2006 年版,第 63 页。
② 王守智、吴春岐:《土地法学》,中国人民大学出版社 2011 年版,第 38 页。

整理行为秩序、土地整理关系秩序。

（二）土地整理立法的合宪性

土地整理活动自身较为复杂，关涉多个部门、多个学科、多个领域，兼具"技术性、动态性、系统性、综合性、地域性和广义性"①的特点，在规则设定上相比土地复垦等其他同类型活动应有更高的要求，亟需相对完备的立法提供可靠的法律制度保障。而我国土地整理立法并不健全，应在完善立法的过程中实现其合宪性。首先应作立法清理，依宪、依法清理已有的文本规定，以消解与宪法典及其上位法之间的文本抵触，并弥合与其同位法之间的效力冲突；而后在立法清理的基础上依宪、依法完成立法创制，就土地整理的原则、目标、模式选择、组织机构、资金、程序、法律责任等问题作出系统、科学的文本设定。

二、可持续性原则

可持续性原则堪称土地整理立法原则体系的终极目的，以揭示合理利用的"可持续性"目标。"我国虽然国土面积较大，但是实际可利用的土地并不是很充分，而且我国人口众多，最近几年城镇化水平也不断提高，城市对土地的需求在不断扩大，同时由于对土地的滥用和污染，导致土地资源在逐年减少。"②故而开发"未作任何利用的土地"和整理"正作农业利用中的土地利用率和产出率偏低的耕地"皆应以确保相关自然资源、土地的可持续性为依归，而实现在有限的土地资源与持续增长的土地需求之间的有效平衡。当然，土地这种特殊自然资源所独有的可更新性与利用永续性也为可持续性原则的践成提供了可能。在土地整理立法中设定可持续性原则应顾及与土地整理相关的"生态、经济、社会"③三大要素。

（一）土地整理相关生态之可持续性

土地整理相关生态之可持续性的核心问题应是通过科学的土地整理活动纾缓现代土地利用技术以"科学"的名义对"合理利用"的背离。伴随现

---

① 卢新海、谷晓坤、李睿璞：《土地整理》，复旦大学出版社 2011 年版，第 3—4 页。
② 王守智、吴春岐：《土地法学》，中国人民大学出版社 2011 年版，第 40 页。
③ 傅伯杰、陈利顶、马诚：《土地可持续利用评价的指标体系与方法》，《自然资源学报》1997 年第 2 期。

代科技手段的运用,当前耕地之"科学"利用往往意味着"频繁耕耘、集约种植、高化学剂投入、密集的机械使用,这已造成土壤侵蚀、养分流失、土壤板结、水污染等问题"①。眼前的速产、高产往往意味着耕地生产潜力的削弱。"多项调查表明,东北地区坡耕地的黑土层厚度已从上世纪六七十年前的80厘米至100厘米减少到现在的20厘米至30厘米,土壤有机质含量由12%下降到1%至2%,85%的土地处于养分亏缺状态。"②故而,土地整理立法就相关生态可持续性之设定应在关注传统的非科学背离合理利用之余,兼有对伪科学、科学背离合理利用之警惕。

(二) 土地整理相关经济之可持续性

土地整理相关经济之可持续性的核心问题应是通过科学的土地整理活动保障耕地权利人的长期、可持续性收益。当前的速产、高产、"稳定"收益能否持续? 或明或暗的耕地退化及其他环境问题对农作物生长环境、生产条件及未来收益的显性或隐性改变有否引起耕地权利人及政府相关职能部门之重视? 若客观环境条件变化使耕地权利人未来收益下降已不可避免,可行之救济设计有否列入公权力机关之议事日程? 土地整理立法保持关注生态之可持续性同时也应关注耕地未来生产效能所表征的经济之可持续性。

(三) 土地整理相关社会之可持续性

土地整理相关社会之可持续性的核心问题应是通过科学的土地整理活动确保持续不断的耕地产品供给对社会需求的满足。"在发展中国家,较为迫切的要求常常是解决温饱、避免饥荒,这就是所谓食物安全问题和土地人口承载能力的问题。在发达国家,满足需求一般意味着提供既充分又多样的产品以满足消费需求和偏好,并确保安全可靠的供给。"③土地整理立法就相关社会可持续性之设定,应以解决食物安全问题和土地人口承载能力问题为首要选项,以满足充分多样的供给需求为补充选项。这既是我国"转型社会"国情使然,也是当前推进土地整理活动以确保"18亿亩耕地红

---

① 卢新海、谷晓坤、李睿璞:《土地整理》,复旦大学出版社 2011 年版,第 15 页。
② 《东北黑土层流失严重 厚度 50 年减 80 厘米》,《生活报》2011 年 7 月 9 日。
③ 卢新海、谷晓坤、李睿璞:《土地整理》,复旦大学出版社 2011 年版,第 15 页。

线"的直接原因所在。

三、一致性与差异性相协调原则

一致性与差异性相协调原则是根据宪法典自然资源条款、土地制度条款中的利用规定作为确认性规范、提倡性规范确立土地整理立法的结果,其可谓土地整理立法原则体系的基本手段,以指引实现"一致性与差异性相协调"的"利用"方式之设计。应在确认土地资源及土地整理差异性的前提下,提倡在实现系统整体综合协调的基础上因地制宜地展进土地整理活动。

（一）土地整理的一致性

1. 土地整理自身的一致性

土地整理自身的一致性即指土地整理工作构成基本要素之间的系统性、协调性。"土地整理工作是一个完整的系统,它是一个具有特定功能、相互联系的诸多要素组成的有机整体。"①土地整理项目的每个运营步骤都构成土地整理工作中不可分割的基本要素。各个基本要素之间相互影响、彼此制约,任何一个基本要素的科学性、可行性都直接关联整个土地整理项目的实施效果,应在保持各基本要素科学性、可行性及充分运营的基础上实现各要素之间的协调一致,最终实现整个土地整理工作系统效益最优化。

2. 土地整理在组成更大社会系统中与其他相关要素之间的一致性

土地整理在组成更大社会系统中与其他相关要素之间的一致性即指土地整理工作在实现土地资源可持续性的过程中与生态、经济、社会等其他相关要素之间的系统性、协调性。实现土地资源可持续性并不是包括土地整理在内的任何一项工作可独立完成的,实现过程本身就是一个包括诸多要素在内的复合系统。以土地为核心相关生态系统的保护与改善、国民经济的持续发展、国家粮食安全与社会稳定的实现等其他相关要素皆关联土地资源可持续性的达致状况,"应将土地整理作为一个整体纳入整个国民经济与社会发展计划之中"②,在保持土地整理工作系统及其他相关要素效益最优化的基础上实现彼此间的协调一致,最终实现土地资源可持续性最

---

① 付梅臣、王金满、王广军:《土地整理与复垦》,地质出版社 2007 年版,第 5 页。
② 高向军:《土地整理理论与实践》,地质出版社 2003 年版,第 10 页。

大化。

（二）土地整理的差异性

土地整理的差异性即指开展土地整理工作应重视的显著地域性，要根据各地的自然、社会经济条件因地制宜确定土地整理的目标、内容和方法。"土地利用效率、土地利用的资源环境效应、自然要素的匹配关系等"[1]是造就土地整理差异性的主要因素。应根据项目区差异化土地垦殖状况，就土地整理的具体目标作区别化设定。在土地整理具体内容、方式的设定上，也应根据项目区"地形地貌、水热条件、土壤土质、耕作制度等"[2]之不同而有所区别。总而言之，开展土地整理工作时，要具体分析、区别对待，既考虑生产发展的要求、又考虑土地资源的特性，最终根据土地利用中存在的实际问题，确定整理目标、内容和方法。

四、综合效益原则

综合效益原则是根据宪法典自然资源条款、土地制度条款中的利用规定作为确认性规范、提倡性规范确立土地整理立法的结果，其可谓土地整理立法原则体系的基本手段，以指引实现"综合效益"的"利用"方式之设计。"土地整理的目的之一就在于充分发挥土地资源的效益，包括经济效益、社会效益和生态效益。"[3]所有土地整理活动在土地整理法律秩序下，都以有效地利用自然资源、最大限度地增加社会财富、实现社会可持续发展为目的，进而实现土地整理活动的最大效益（经济效益、社会效益和环境效益）。应在确认土地整理综合性的前提下，立足长远而提倡在科学、全面规划设计的基础上实现土地整理经济、社会、环境效益的统一和最优化。

（一）经济效益

土地整理的直接诱因是经济效益。开发"未作任何利用的土地"、整理"正作农业利用中的土地利用率和产出率偏低的耕地"都是为了提高农业产量产值和生产效率、增强土地的整体生产能力，进而保证相关资金应有的

---

[1]　高向军：《土地整理理论与实践》，地质出版社 2003 年版，第 9 页。
[2]　付梅臣、王金满、王广军：《土地整理与复垦》，地质出版社 2007 年版，第 5 页。
[3]　李卫祥：《农村土地整理》，中国社会出版社 2008 年版，第 29 页。

投资回报率。只有实现了经济效益最优化的相关项目,才能被各类土地整理行为人更具信心地持续性推进。

（二）社会效益

社会效益是土地整理的助推要素。土地整理项目的推进乃至社会效益的实现离不开各类土地整理行为人。"实现土地整理的有效监管也离不开多方主体的共同参与,即在中央政府和地方政府行政权力统筹整合下,由地籍测量员(以奥地利、芬兰、德国、瑞典为代表)或委员会(以比利时、法国、荷兰、葡萄牙、瑞士为代表)负责具体实施,专业技术人员和业主委员会起辅助作用。"①应在土地整理项目规划设计、实施、验收各个阶段设定多样化参与准则,引导各类土地整理行为人特别是居于弱势地位的农民对土地整理决策、运行、验收的全过程积极主动参与。只有实现了社会效益最优化,才能积极促进土地整理项目运行的全面性、客观性和针对性,进而为项目的具体实施和成功运营创造良好的外部环境。

（三）环境效益

环境效益是土地整理的可靠保障。伴随土地整理进程中人与自然关系的逐步协调,农业生态环境的容纳能力与自我调节能力也得到有效提升。在谋求土地整理区域生态系统整体优化目标的指引下,"通过田、水、路、林、村的综合整治,使得农业生态环境得到整体优化,可增强农业生产对自然灾害的抵御能力,促进农业自然资源综合利用效率的持续提高与农业的持续发展"。② 只有实现了环境效益最优化,才能在社会经济稳定发展的同时维持农业生态系统大体平衡,进而切实巩固相关项目的运营成果。

五、严格规制原则

严格规制原则是根据宪法典自然资源条款、土地制度条款中的利用规定作为强行性规范、保护性规范、义务性规范确立土地整理立法的结果,其可谓土地整理立法原则体系的根本保障,以指引"保障"合理利用具体措施

---

① Arvo Vitikainen, "An Overview of Land Consolidation in Europe", *Nordic Journal of Surveying and Real Estate Research*, vol.1(2004), pp.25-44.

② 高向军:《土地整理理论与实践》,地质出版社 2003 年版,第 4 页。

之设计。"必须"合理地利用土地即意味着"一切使用土地的组织和个人"都不得不按土地用途使用土地,都不得废弃、破坏土地。这样的人地关系关涉人与地的关系和人与人的关系两个方面。"人与地的关系,一般说是人对土地的开发利用问题;人与人的关系,一般说是以土地为中介在土地上发生的权利义务关系的社会问题。"①对这两方面关系的调整或严格规制往往通过较宏观的整体性土地管理和较具体的土地用途管理实现,在土地整理立法中设定严格规制原则应与这两方面相衔接。最终能在严格规制原则指引下,真正实现土地资源集约化利用,而从根本上保护我国有限的耕地。

(一) 以最严格的土地管理为前提

土地整理中的严格规制应以最严格的土地管理为前提。如前所述,《中华人民共和国土地管理法》是土地整理立法最重要的法律渊源,设定相关法律责任皆应置于土地管理法律制度体系下进行。欲以专门立法严格规制土地整理所涉之土地调查、土地权属登记等行为皆应以土地管理法律制度中相关规定为渊源,在不违反上位法、不发生效力冲突的前提下结合土地整理之特点作具体设定。

(二) 以土地用途管制为基础

土地整理中的严格规制应以土地用途管制为基础。无论是开发"未作任何利用的土地",还是整理"正作农业利用中的土地利用率和产出率偏低的耕地",所涉土地之用途变更皆当以遵循土地用途管制原则为前提。"所谓土地用途管制是指国家为保证土地资源的合理利用以及经济、社会与环境的协调发展,通过划分土地类型,严格控制农地转为建设用地总量和审批,同时确定土地使用限制条件,使土地使用者严格按照国家确定的用途利用土地。"②我国已经在《中华人民共和国土地管理法》第 26、31、44 条,《中华人民共和国物权法》第 140 条中详细规定了土地用途管制制度。严格规制土地整理须杜绝通过虚假土地整理图谋相关"土地整理新增耕地折抵建设用地指标"或"城乡建设用地增减挂钩周转指标"的行为,谨防以土地整理之名而行非法占用农用地之实。

---

① 蒲坚:《中国历代土地资源法制研究》,北京大学出版社 2011 年版,第 13 页。
② 王守智、吴春岐:《土地法学》,中国人民大学出版社 2011 年版,第 42 页。

第七节　根据保护规定完善土地整理
程序、资金、法律责任规范

"根据保护规定完善土地整理程序、资金、法律责任规范"就是从保护规定方面来探讨宪法土地问题规范如何适用于土地整理立法。宪法典自然资源、土地保护规定生成的规范命题为禁止侵占或破坏、禁止非法转让原则,根据它所完善的土地整理程序、资金、法律责任规范也应体现在这一方面。在宪法于规定的内容上应呈现之根本法属性的作用下,一方面要从正面设计相应法律规范,以解决土地整理立法要实现保护的土地整理程序、土地整理资金这两个核心问题;另一方面也要从反面设计相应法律规范,以解决违反土地整理立法的保护须承担的法律责任问题。

一、土地整理程序规范之设计

可在高位阶立法中系统地、原则性地将土地整理活动分为立项、实施、验收 3 个阶段,于未来可能的单行土地整理法典中分设"项目立项"、"项目实施"和"项目验收"三章。在其指引下,各地通过相应地方立法,因地而制宜分别作实施性具体规定。

(一) 项目立项阶段

该阶段分为规划、审批、设计 3 个环节。

1. 规划环节

开展土地整理工作必须先制定详细的土地利用总体规划,严格按照"国家、省、地(市)级、县级和乡(镇)级共五级"①规划管理。县级以上人民政府应当根据国民经济和社会发展规划、土地利用总体规划,组织编制本行政区域的土地整理规划。土地整理规划应当与村庄集镇规划、农田水利规划等相关规划相协调,应当对规划实施后可能造成的环境影响作出分析、预测和评估,提出预防或者减轻不良环境影响的对策和措施。县级以上人民

---

① 黄小虎:《新时期中国土地管理研究(上卷)》,当代中国出版社 2006 年版,第 237 页。

政府国土资源行政部门根据土地整理规划、本地非农业建设占用耕地情况和耕地后备资源状况,建立本级土地整理项目库。

2. 审批环节

国土资源行政部门根据土地利用总体规划、土地开发整理专项规划、非农业建设占用耕地、耕地后备资源状况等情况,从本级土地整理项目库拟定具体土地整理申报项目向相应国土资源行政部门申报。立项申请材料包括:申请报告、可行性研究报告、资金来源计划、土地利用总体规划图、土地开发整理专项规划图、项目规划图、土地利用现状图及土地权属证明。有立项批准权的国土资源行政部门自收到立项申请材料后,在规定期限内组织有关人员进行材料审查和现场勘察,作出综合评价,并决定批准或者不予批准。批准立项的,应当向申请立项的国土资源行政部门下达立项批复;不予批准的,应当书面通知并说明理由。申请国家级土地整理项目的,经省级国土资源行政部门审核同意后,报国务院国土资源行政部门批准立项;申请省级土地整理项目的,报省级国土资源行政部门批准立项;申请地市级土地整理项目的,报地市级国土资源行政部门批准立项,立项后报省级国土资源行政部门备案。

3. 设计环节

项目批准立项后,申请立项的国土资源行政部门应当根据立项批复和有关技术规程,委托有资质的测绘单位进行测量,并委托有资质的设计单位编制项目设计与预算。项目设计应当报批准立项的国土资源行政部门批准;项目预算经批准立项的国土资源行政部门同意后报同级财政部门审核。设计单位编制土地整理项目设计,应当将设计方案在项目所在地进行公告,听取项目所在地乡镇人民政府、村民委员会、相关土地整理社会组织和村民的意见。土地整理项目设计批准后,不得擅自变更;确需变更的,须报原审批机关批准。

(二) 项目实施阶段

土地整理项目经批准立项后,由主管该项目的国土资源行政部门负责组织实施。项目实施应当实行公告、工程招标投标、项目法人、工程监理等管理制度和合同管理方式。国土资源行政部门基于项目设计、预算而编制项目实施方案。项目实施方案应当在项目所在地进行公告,并报批准立项的国土资源行政部门备案。国土资源行政部门依法通过招标投标选定具有资质的施工单位进行工程施工，委托具有资质的监理单位进行工程监理，并分别签订合同。施工单位应当按照项目设计和施工合同合理组织施工，因违反项目设计、施工合同延误农时或者造成其他损失的，应当依法赔偿。监理单位应当按照项目设计和监理合同，对工程建设的投资、建设工期和工程质量实施控制，并承担监理责任。整理的耕地的耕作层、平整度、灌排水条件、道路以及生态保护措施等，应当符合有关标准，确保耕地质量。主管该项目的国土资源行政部门、项目所在地乡镇人民政府、村民委员会、相关土地整理社会组织和村民可以对施工质量进行监督。

（三）项目验收阶段

项目施工单位于土地整理项目竣工后，向负责组织实施该项目的相应省级、地市级国土资源行政部门提出验收申请，该部门应在规定时间内组织验收。申请验收应当提交项目竣工验收申请报告、工程验收报告、土地权属报告、工程监理报告和项目财务决算与审计报告等材料。验收部门应当组织项目所在地乡镇人民政府以及农业、水利等方面的专业技术人员与村民代表，根据项目设计要求，对项目工程进行验收，出具项目工程验收报告。验收不合格的，由负责验收的国土资源行政部门责令项目施工单位限期整改。相关乡镇人民政府或村民委员会应当建立管理和维护制度，对整理的土地和工程设施进行管理和维护，保证土地的有效使用和工程设施正常运转。管理和维护费用按照"谁受益、谁负担"原则筹集。

二、土地整理资金规范之设计

可在高位阶立法中就土地整理资金来源、使用作原则性规定，"面向市场，欢迎企业、公司、其他经济组织和个人参与到农地整理中来，从各个方面筹集资金，由多种主体实施整理活动"。[①] 于未来可能的单行土地整理法典中设"项目资金"专章。在其指引下，各地通过相应地方立法，因地而制宜分别作实施性具体规定。

---

① 庞淼:《四川土地开发整理及对策思考》,《农村经济》2006 年第 11 期。

（一）融资组织结构

应设定体现我国国情的复合型土地整理融资组织结构。具体可分为五种融资组织形式：其一，主要由农户出资，政府以免税、提供无息或低息贷款、奖励、补助金等形式适当补助；其二，由农村集体经济组织筹集全部资金，政府主要进行技术指导而引导土地整理者按土地利用总体规划确定的方向整理土地；其三，农村集体经济组织以其拥有的土地作为股份入股，与国家、企事业单位联营合股共同出资整理；其四，土地整理项目外包而成立土地整理公司，由投资者组成的土地整理公司为追求较高的经济回报而承担全部土地整理费用；其五，完全由国家出资、统一组织，而推动大规模、见效慢、涉及生态等诸多因素的土地整理。

（二）融资模式

应根据土地整理营利程度设定多样化的融资模式。依营利程度将土地整理分为公益性、半营利性与营利性三种。针对不同类型的土地整理，设计不同的融资策略：其一，公益性土地整理，资金主要由国家财政来承担，但也应不限于目前的三类来源，可积极开展股权筹资和债务筹资。如完善现行土地税费体系，足额征收新增建设用地有偿使用费，并按规定比例分缴中央、地方财政，作为国家、地方土地整理项目专项基金；推动相关定向国债和地方债券的发行；争取定向国际金融组织贷款或外国政府贷款等。其二，半营利性土地整理，以政策性金融为主体融资方式，建立、健全土地整理的政策性金融形式，拓展其政策性金融的资金来源，加强对该政策性金融资金运营的监管。其三，营利性土地整理，应以市场融资为主，市场化融资提供全部资金，国家财政逐步退出，由更多的非政府部门来承担。"积极开创新型土地整理市场融资方式，如融资租赁、股票、产业投资基金、土地基金、BOT融资、PPP 融资等。"①

（三）收益分配方式

应在"谁参与、谁受益"的原则下设定合理的土地整理收益分配方式。要对土地整理收益分配进行具体规定，细化"谁参与、谁收益"的分配原则。

_____

① 参见董利民：《土地整理融资机制研究》，华中农业大学经济贸易学院博士学位论文，2004 年。

既要保障土地整理过程中作为弱势群体之农民的利益,避免政府与民争利;又要防止因争夺利益而造成土地整理混乱无序的局面发生。"政府在农地整理成果和收益分配上向农地整理的实施单位、投资人进行倾斜。"①要根据实际情况制定收益分配优惠政策,鼓励民间组织、企业、农民集体和个人自筹资金投入土地整理。

三、土地整理法律责任规范之设计

我国土地整理立法所涉开发整理的法律责任应予明确,无论是欲开发之"未作任何利用的荒地"抑或欲整理之"正作农业利用中的土地利用率偏低的耕地",所涉各种"侵占或破坏、非法转让"行为皆应通过具体的法律责任规定实现禁止。"土地法律责任是指由于违反了土地相关法律规定的义务而应当承受的法律上的不利负担。可分为土地行政责任、土地刑事责任和土地民事责任。"②应在自然资源之禁止侵占或破坏原则、土地之禁止非法转让原则的指引下,整合相关立法之既有规定,于未来可能的单行土地整理法典中设"法律责任"专章就土地整理法律责任的构成通过原则性规定予以概括、列举,并以统一、精炼、严谨的语言来进行表述。

(一) 明确保障"禁止"之监管部门

要保障宪法典自然资源条款、土地制度条款中的保护规定所确立之"禁止",则应明确干预各种"侵占或破坏、非法转让"行为的监管部门。《中华人民共和国土地管理法》第5条明确规定土地行政主管部门负责土地的管理和监督工作,故"土地行政主管部门"是当然的土地整理监管部门。但如前文所述,其他土地整理相关部门规章、地方性法规和地方政府规章规定的土地整理监管部门却有10种不同表述,这些关于土地整理监管部门的表述是稍显零乱的。有必要整合相关立法之既有规定,在"法律责任"专章中通过统一的原则性规定就土地整理监管部门予以概括。

土地整理法律关系作为一种典型的经济法法律关系,既涉及行政法律

---

① 杨庆媛、周宝同、涂建军、田永中、周滔:《西南地区土地整理的目标及模式》,商务印书馆2006年版,第342页。

② 王守智、吴春岐:《土地法学》,中国人民大学出版社2011年版,第275—276页。

关系又涉及民事法律关系。在行政法律关系中既涉及内部行政行为又涉及外部行政行为,在民事法律关系中既涉及平等主体之间的民事合同又涉及不平等主体之间的行政合同。除国土资源行政部门作为主管部门当然地参与其中外,因我国土地整理资金主要源自政府,故相关财政部门、审计部门、纪检监察部门也应参与其中。因此我国土地整理监管体制应为"一元复合型"监管体制。

应以国土资源行政部门为主要监管部门,就土地整理活动实行全过程监管;财政部门、审计部门、纪检监察部门为辅助监管部门,财政部门主要就政府拨付土地整理资金的预算、使用实施监管,审计部门主要就政府拨付土地整理资金的运营绩效和土地整理项目的验收实施监管,纪检监察部门主要就参与土地整理国家机关的主要负责人员、直接责任人员和其他工作人员的行为实施监管。进而"树立农村土地可持续利用以及土地生态环境保护的理念,强化相关立法,并坚持严格执法"。①

此外,用"国土资源行政部门"来统一如"土地行政主管部门"、"国土资源系统"、"国土资源管理部门"、"国土资源部门"、"国土资源行政主管部门"之类的各种主要监管部门名称表述。

(二) 界定实现"禁止"之责任主体

要实现宪法典自然资源条款、土地制度条款中的保护规定所确立之"禁止",首先应界定承担各种"侵占或破坏、非法转让"行为所致法律责任的责任主体。土地整理法律责任主体,即指因违反土地整理相关法律义务而应当承受法律上不利负担的自然人、法人或其他社会组织。如前文所述,我国土地整理相关立法界定的责任主体有 9 种表述,这些关于土地整理法律责任主体的表述是较为繁杂而稍显零乱的,且"我国目前还存在着责任主体难以确定,责任认定把握不准、责任难以落实到个人等问题"。② 有必要整合相关立法之既有规定,在"法律责任"专章中通过统一的原则性规定就土地整理法律责任主体予以概括。

---

① 董景山:《我国农村土地制度 60 年:回顾、启示与展望——以政策与法律制度变迁为视角》,《江西社会科学》2009 年第 8 期。
② 李长健、肖珊:《论我国农业投资法律制度之完善》,《华中农业大学学报(社会科学版)》2011 年第 6 期。

承担土地整理法律责任的自然人应是达到法定责任年龄、具有法律责任能力的自然人;承担土地整理法律责任的法人应是具有民事权利能力和民事行为能力,依法独立享有民事权利和承担民事义务的社会组织;承担土地整理法律责任的其他社会组织包括农村承包经营户、合伙组织、农民专业合作社、土地整理协会等。各类责任主体的属性虽各不相同,但皆可被概括为:土地整理行为人。当然该行为人在不同性质土地整理法律关系中表现各异,大致可分为3类:参与土地整理国家机关的主要负责人员、直接责任人员、其他工作人员;参与土地整理社会团体的主要负责人员、直接责任人员、其他工作人员;以个人身份参与土地整理的公民。

（三）厘清实现"禁止"之责任行为、形式

要实现宪法典自然资源条款、土地制度条款中的保护规定所确立之"禁止",还应厘清各种"侵占或破坏、非法转让"范畴内的具体责任行为以及可能触发之法律上不利负担的具体责任形式。土地整理法律责任行为,即指违反土地整理相关法律义务的行为,或称土地整理违法行为。土地整理法律责任形式,即指追究土地整理违法行为的具体形式。如前文所述,我国土地整理相关立法界定的责任行为、责任形式各有11种表述。这些关于土地整理法律责任行为、责任形式的表述是较为繁杂而稍显零乱的,且存在一定的抵触。有必要整合相关立法之既有规定,在"法律责任"专章中通过统一的原则性规定就土地整理法律责任行为、形式予以列举。

就责任行为和责任形式予以列举,可借鉴我国台湾地区《农地重划条例》（1980年颁布,2000年、2011年两次修订）第八章"罚则"之第39、40条的立法经验。《农地重划条例》第39条规定:"有左列行为之一者,处一年以下有期徒刑、拘役或二千元以下罚金,并责令恢复原状:一、未经许可,私自变更重划农地之使用者。二、违反依第九条规定之公告,致妨害农地重划之实施者。三、以占有、耕作、使用或其他方法,妨害农地重划计划之实施者。"第40条规定:"有左列行为之一者,处三年以下有期徒刑、拘役或科或并科五千元以下罚金:一、移动或毁损重划测量标椿,致妨害重划工程之设计、施工或重划土地之分配者。二、以强暴、胁迫或其他方法妨害重划工程之施工者。三、以堵塞、毁损或其他方法妨害农路、水路之灌溉、排水或通行者。"以上规定一方面就责任行为予以了列明,另一方面在列明责任形式同时还指出了该责任形式的具体适用幅度。"或科或并科"与"严肃处理"之比照,"一年以下"、"二千元以下"、"三年以下"、"五千元以下"与"追究刑事责任"、"予以处罚"之比照值得立法者深思。

可将责任行为列举为四种:其一,在编制、审批土地整理规划中失误而导致损失的行为。其二,妨碍土地整理方案实施的行为。包括:以占用、耕作、使用或其他方法妨碍方案实施的行为;移动或毁坏整理测量标桩的行为;妨碍整理设计施工和土地分配的行为;以暴力、胁迫或其他方法妨碍整理施工的行为。其三,在实施土地整理过程中,工程质量低劣而导致损失、滥用职权、徇私舞弊、玩忽职守、行贿、受贿、贪污、挪用整理资金的行为。其四,整理后未经许可擅自变更土地用途的行为。

可将责任形式分为四类:其一,行政处分,针对参与土地整理国家机关的主要负责人员、直接责任人员、其他工作人员。包括:警告、记过、记大过、降级、撤职、开除。其二,行政处罚,针对参与土地整理社会团体的主要负责人员、直接责任人员、其他工作人员和以个人身份参与土地整理的公民。包括:责令限期改正、通报批评、警告、罚款。其三,民事责任,针对以平等身份参与土地整理而形成民事法律关系的 3 类主体。包括:停止拨款、终止项目、经济补偿、赔偿损失。其四,刑事责任,针对在土地整理中涉嫌犯罪的 3 类主体。包括:罚金、管制、拘役、3 年以下有期徒刑。若触犯"非法转让、倒卖土地使用权罪,非法占用耕地罪,贪污罪,挪用公款罪,职务侵占罪,挪用公司、企业或者其他单位资金罪,玩忽职守罪,滥用职权罪",①则适用我国刑法典相关规定。

(四) 矫正实现"禁止"之语言表述

要实现宪法典自然资源条款、土地制度条款中的保护规定所确立之"禁止",还应矫正我国土地整理法律责任规范中比较模糊的、不规范的语言表述。

其一,修改"严肃处理"之类比较模糊的语言表述。以更为准确肯定的语言文字使立法主体的立法意图、立法政策措施明确无误地表达出来。可将"严肃处理"修改为"作出处罚或追究刑事责任",而尽量避免立法的遵守者和

① 参见黄河、马治选、王志彬、李集合:《土地法教程》,中国政法大学出版社 2005 年版,第 216—220 页。

适用者因职业、经历、性别、教育程度的不同而对其产生不同的认识和理解，最终通过直接体现"严肃"内涵的表述向立法受众传递特定的无歧义信息。

其二，修改"刑事责任"之类不规范的语言表述。统一"涉嫌表述"、"移交表述"和"通常表述"的基本表述语言，吸取 3 类表述各自的优点，以更规范的形式将立法主体相关信息传递出来。可将 3 类表述统一整合为"涉嫌犯罪的，移交司法机关依法追究刑事责任"。使之既符合我国大多数刑事责任规定的语言表述习惯，又能凸显在我国司法过程中逐渐确立的"未经审判不得定罪原则"和"正当法律程序原则"。

第八节　根据权力谦抑规定完善农民
参与土地整理规范

"根据权力谦抑规定完善农民参与土地整理规范"就是从权力谦抑规定方面来探讨宪法土地问题规范如何适用于土地整理立法。

权力谦抑主义进入土地整理立法同样面临其进入宪法典土地制度条款所尝试解决的两个问题：如何限定国家干预土地整理之权力的边界？如何规制国家干预土地整理之权力的行使方式？依循传统权力谦抑主义表征之"自治型法"的控权法理念进行相应的制度建构似乎是解决这两方面问题的有效方法，然当"执法者和司法者将法律过程的合法性而非法律结果的绩效当作努力目标，为合法而合法，法律效果与社会效果发生分离"①，新的绩效问题将随"法条主义则是自治型法的苦恼所在"②而出现。

其实传统权力谦抑主义表征之"自治型法"的控权法理念仍依循着国家—控制法范式，是国家—控制法范式与夜警国家联姻的结果，以控制国家权力为使命。③ 国家—控制法范式"将国家当作法制化的唯一轴心，强调法

---

① 罗豪才、宋功德：《软法亦法——公共治理呼唤软法之治》，法律出版社 2009 年版，第 31 页。

② ［美］诺内特、塞尔兹尼克：《转变中的法律与社会》，张志铭译，中国政法大学出版社 1994 年版，第 71 页。

③ 参见罗豪才、宋功德：《软法亦法——公共治理呼唤软法之治》，法律出版社 2009 年版，第 27 页。

规范的国家性、法逻辑的对抗性和法秩序的强制性,它与不同的国家观联结在一起形成不同的法律模式。伴随着多中心的、强调合作共赢、尊重主体间性的公共治理模式的崛起,这种传统的法范式陷入了严重危机之中,一种与公共治理相适应的回应型法开始取而代之。"①"回应型法在扬弃和综合压制型法与自治型法的基础上,强调在变革过程中的民间交涉特别是规则和原理的相互作用的意义,回应型法的存续与否将取决于国家有序化机制和民间有序化机制的交涉性平衡。"②公共治理模式"要求法律寻求多元利益主体的法律地位平等,对各种利益诉求的表达保持开放并尊重正当的诉求,保证公共决策过程的广泛参与和公私合作,建构一种竞争合作的多方协作关系,实现程序正义与实体正义的统一,并据此保证公共决策的理性"。③"20世纪80年代以来,西方国家兴起治理理论,用治理(governance)替代了通常所说的'政府统治'(government)。"④"治理"理念下,权力运行的向度是上下互动多向的,更为强调公众在多元化权威下参与决策和管理。在我国长期的"统治"型"从上到下"的单向权力运行模式下,公民面对公共权力更多地只是被管理者和受众。而在欲行"治理"式的多向权力运行而构建和谐社会的当前,公民面对公共权力不应单单只是被管理者和受众,而应更多地成为参与者和运行者。要真正解决前述两方面问题,应在公共治理模式下应用治理理论构建科学的参与制度,推动在土地整理中与国家相对应的另一方主要主体——农民的参与,而践成在土地整理中的回应型法秩序。

但是,目前我国农民参与土地整理抑或公众参与土地整理的相关制度都是缺失的。我国土地整理制度是一种典型的"统治型"模式。依《中华人民共和国土地管理法》第41条之立法体例,土地整理被置于"第四章耕地保护"中规定,将土地整理更多地定性为一种政府就耕地保护而实施的行

---

① 罗豪才、宋功德:《软法亦法——公共治理呼唤软法之治》,法律出版社2009年版,第7—8页。

② [美]诺内特、塞尔兹尼克:《转变中的法律与社会》,张志铭译,中国政法大学出版社1994年版,第7页。

③ 罗豪才、宋功德:《软法亦法——公共治理呼唤软法之治》,法律出版社2009年版,第47页。

④ 石佑启:《论公共行政与行政法学范式转换》,北京大学出版社2003年版,第110页。

政管理行为,或至多是一种政府主导下的准行政合同行为。事实上,当下土地整理实践过程中政府也往往占据主导地位。强调土地整理必须以国家鼓励、政府支持为前提,以政府制定的土地利用总体规划为依据。只有在政府介入下方能有效解决多元土地整理法律关系主体间利益分配、产权明晰等问题。如此界定当然能很好地实现相应管理职能,然土地整理活动中的另一方主要主体——相关农民呢?"我们的农村土地立法和政策是根据农民的心愿制定的呢,还是我们'替农民作主'的单方面的臆想呢?"①农民对土地整理活动的认知和参与程度,实际上决定了该类活动进展的实效。

《中华人民共和国宪法》第2条、第27条第2款虽都对人民依法以各种形式参与国家管理作出了规定,然具体参与细则落实到土地整理活动时仅《中华人民共和国土地管理法》第41条之"国家鼓励土地整理"的笼统规定,在《中华人民共和国土地管理法实施条例》第18条的土地整理具体规定中就参与问题也未涉及。仅有的土地整理参与实践集中在土地整理规划编制和审批阶段,前者主要是规划设计单位通过发放调查表或走访的方式接受公众参与,后者主要是在土地整理规划送审前以专家咨询方式实现小范围的公众参与。这些具体到农民参与土地整理来说只是"水月镜花"而已。

宪法典土地权力谦抑规定生成的规范命题为权力谦抑原则,根据它所完善之农民参与土地整理规范也应体现在这一方面。在宪法于规定的内容上应呈现之根本法属性的作用下,应在未来可能的单行土地整理法典中设"农民参与"专章就农民参与土地整理问题作出系统性、原则性规定,而设计科学的农民参与土地整理法律规范。然而参与不应仅是公权力主体作为被参与者的单方面决断,参与规范的内容设定更应源自参与者一方的实然现实,参与者的参与能力也往往决定了应然参与规范的实现程度。有必要以调研的方法对我国农民参与土地整理现状进行实证分析,只有立足于第一手真实的相关信息基础上进行的制度建构方能确保其科学性。

---

① 孙宪忠:《让事实告诉我们农民的要求是什么》,《中外法学》2005年第3期。

一、我国农民参与土地整理现状的实证分析

为了分析我国农民参与土地整理的现状,本书从我国东中西部 15 省(自治区、直辖市)选取了 131 个县(区、市)作为抽样调研区域,其中东部地区 4 省(直辖市)29 个县(区、市)①、中部地区 6 省(自治区)41 个县(区、市)②、西部地区 5 省(自治区、直辖市)61 个县(区、市)③。

相关资料来自 2010 年年初组织西南大学法学院 2008 级、2009 级 124 名法学专业本科生对样本地区所作的访谈式问卷调查。该调查以户为单位,共发放问卷 6070 份,收回有效问卷 4296 份,回收率为 70.77%。被访者中男性 2878 名占 66.99%,女性 1418 名占 33.01%;汉族 3651 名占 84.99%、少数民族 645 名占 15.01%。48.1%的被访者为小学及以下文化水平,39.4%为初中水平,高中以上的占 12.5%。42.99%的被访者长期从事务农,40.99%为务农兼打工,其他占 16.02%。74.6%的被访者在村里没有担任任何职务,3.89%担任村委会主任,10.45%担任村委会成员,11.06%担任其他村干部。52.95%的被访者家庭年均收入在 1 万元以下,其中年均收入 5000 元以下的占 13.66%、5000—8000 的占 21.65%、8000—10000 的占 17.64%;29.66%的被访者家庭年均收入在 1 万—2 万元;11.66%的被访者家庭年均收入在 2 万—5 万元;5.73%的被访者家庭年均收入在 5 万元以上。

通过人工统计,分别就农民对土地整理的认知与评价、农民对参与土地

---

① 天津市(武清、北辰),广东省(博罗、电白),河北省(石家庄、易县、开平、霸州、卢龙、献县、肃宁、涉县、广平、宁晋),山东省(昌邑、平邑、河口、东营、青岛、广饶、郓城、嘉祥、济宁、诸城、成武、沂水、临沂、利津、垦利)。

② 山西省(太原、屯留、长子、五台、孝义、阳泉、长治、文水),内蒙古自治区(鄂尔多斯、乌海),吉林省(长春、榆树、德惠),黑龙江省(双鸭山、鹤岗、林口、肇源、安达、呼兰、五常、大同、泰安、望奎、林甸),河南省(杞县、新安、新乡、红旗、凤泉、滑县、延津、卫辉、长垣、西华、尉氏、驻马店、方城、辉县、淮阳、安阳),湖南省(永兴)。

③ 四川省(成都、资阳、广安、岳池、青川、冕宁、隆昌、渠县、巴中、自贡、中江、三台、梓潼、筠连),贵州省(贵阳、湄潭、毕节、天柱、安龙、习水、大方、威宁、正安、铜仁、平坝、三都),云南省(昆明、官渡、麻栗坡、景洪、梁河、昭通、南华、红河、曲靖、罗平),重庆市(黔江、巫山、沙坪坝、璧山、垫江、綦江、南岸、荣昌、秀山、巫溪、渝北、北碚、梁平、永川、江津、云阳、万州、忠县、酉阳),新疆维吾尔自治区(霍城、莎车、石河子、博湖、五家渠)。

整理的认知、农民对土地整理模式的期许进行比较分析。

（一）农民对土地整理的认知与评价

1. 了解土地整理政策、信息的渠道

当问及"您了解国家农村土地整理政策、信息的渠道有哪些"时,调研数据显示:农民了解国家相关政策、信息的主要渠道为"电视"、"村干部"和"报纸",高居百分比前三位;"收音机"和"其他"途径则明显偏少,甚至18.06%的农民"不了解、没听说过"(表1)。

可见农民获取信息的途径是不对称的,缺乏获取网络等多元化信息的手段,政府对多元化信息获取途径的扶持力度也有待加强。故更应立足于传统途径从"广度"和"深度"两方面入手,加强对相关政策、信息的宣传力度。

表1　了解土地整理政策、信息的渠道(多选)

选项	村干部	电视	报纸	收音机	不了解、没听说过	其他
选择次数	2155	3095	1797	1071	776	269
占总比	50.16	72.04	41.83	24.93	18.06	6.26

注:占总比=选择次数/4296(总有效问卷数)。

2. 了解的土地整理的内容

当问及"您了解的农村土地整理的内容有哪些"时,调研数据显示:农民了解的土地整理的内容主要有"农田道路建设"和"农田水利设施建设",高居百分比前两位;对"土壤改良"、"平整土地"、"土地开发"、"土地复垦"、"调整土地承包经营权"、"农村居民点归并集中"、"调整宅基地使用权"和"农田防护林网建设"的认识程度逐次降低(表2)。而根据国土资源部《全国土地开发整理规划(2001—2010)》,土地整理是指采用工程、生物等措施,对田、水、路、林、村进行综合整治,增加有效耕地面积,提高土地质量和利用效率,改善生产、生活条件和生态环境的活动。

可见农民对土地整理内容的认知是相对狭隘的,涉及法律产权和统筹城乡发展层面则认知甚少。故就政策宣传内容而言,应结合相关立法在统筹城乡发展大背景下,深入产权调整相关内容,强调具体法规条款知识普及,而不仅仅局限于宏观政策泛泛宣讲。

表 2　了解的土地整理的内容（多选）

选项	土地开发	土地复垦	平整土地	农田水利设施建设	农田道路建设	农田防护林网建设	土壤改良	农村居民点归并集中	调整土地承包经营权	调整宅基地使用权
选择次数	1798	1792	1815	2213	2871	1316	1829	1686	1749	1659
占总比	41.85	41.71	42.25	51.51	66.83	30.63	42.57	39.25	40.71	38.62

注:同表1。

3. 对土地整理的评价

当问及"您觉得农村土地整理与自身利益有没有关系"时,回答"与自身利益关系密切"的有 2558 人,约占总比 59.55%;回答"有点关系"的有 1096 人,约占总比 25.51%;回答"没有关系"的有 642 人,约占总比 14.94%。当问及"您是否希望本村开展土地整理"时,回答"希望,不需要自己投资就能改善生产条件、提高耕地质量、增加收入,当然好"的有 3418 人,约占总比 79.56%;回答"不希望,自己没什么好处,倒便宜了那些有权有势的,维持现状最好"的有 422 人,约占总比 9.82%;回答"无所谓,反正自己没什么好处也没什么坏处"的有 456 人,约占总比 10.62%。

可见农民较普遍地认同土地整理与自身利益息息相关,并对开展土地整理有较高的评价,希望能在不增加自身负担的前提下实现生产条件改善、耕地质量提高和个人收入增加。

综上所述,农民了解土地整理政策、信息的主要渠道是电视、村干部和报纸;农民了解的土地整理的内容主要是农田道路建设和农田水利设施建设;土地整理与自身利益关系密切得到了农民普遍认同;通过开展土地整理改善生产条件、提高耕地质量、增加收入为大多数农民所期盼。

（二）农民对参与土地整理的认知

1. 对土地整理项目实施过程的参与程度

土地整理项目实施过程依先后顺序可分为以下几个阶段:（1）相关方提出土地整理项目申请阶段;（2）主管方审核土地整理项目申请阶段;（3）调查被提请整理土地现状和登记相关土地承包经营权、宅基地使用权阶段;

(4)整理项目规划设计阶段,土地评级并确立初步土地等值交换或现金补偿方案;(5)土地整理施工单位招投标阶段;(6)土地整理实施阶段,土地整理项目施工和相关土地承包经营权、宅基地使用权调整同步进行;(7)土地整理结束阶段,竣工验收并重新登记土地承包经营权和宅基地使用权、重新发证。当问及"您希望参与农村土地整理项目实施过程哪些阶段,知道相关信息并提出意见与建议"时,调研数据显示:农民对土地整理项目实施全过程都有不同程度的参与兴趣,近三成被访者希望实现全程参与(表3)。

可见就实现公民参与的"公民政治社会化"问题并非如不少学者所描述的那般严重,至少农民"参与的热情"毋庸置疑,问题的关键在于构建参与机制和保障参与实效。在土地整理项目实施七个阶段中,农民最关注"项目规划设计阶段"的参与,在这个阶段涉及土地评级并确立初步土地等值交换或现金补偿方案,与农民的切身利益直接相关。而"实施阶段"的参与则关注最少,如前所言农民对土地整理内容的认知是相对狭隘的,往往将"项目实施"简单等同于"项目施工",而忽略了深层次的产权调整问题。事实上"实施阶段"正是农民最关注的"项目规划设计阶段"从应然进入实然的关键所在,可见农民参与土地整理问题不应仅强调参与的广度,而更应以提升参与能力为关键点凸显参与的深度。

表3　对土地整理项目实施过程的参与程度(多选)

选项	提出项目申请阶段	审核项目申请阶段	调查登记阶段	项目规划设计阶段	施工单位招投标阶段	实施阶段	结束阶段
选择次数	1902	1512	2204	2301	1396	1260	1766
占总比	44.27	35.2	51.3	53.56	32.5	29.33	41.11

注:同表1。

2.参与土地整理的方式

当问及"您希望通过哪些方式参与农村土地整理"时,调研数据显示:农民最希望通过"提建议"方式实现参与(表4)。一方面说明农民对参与方式的认知有限,而更多地选择成本最低的参与方式;另一方面说明公权力机关通过制度层面给予的参与方式保障力度有限,缺乏具体立法和程序性实施细则规定。处于百分比次位的是"有偿出工参与项目施工",其与"义务出工参与项目施工"形成鲜明对比,可见农民对参与过程存在现实的利益需求,更多地希望通过市场途径实现一定收益。最关键的"作决策"仅列第三,一方面说明农民对参与决策的认知不足,另一方面印证了当前公民参与决策问题已成为解决我国公民参与问题的症结所在,农民缺乏对参与决策的认知并不是个别现象。有必要从参与主体和被参与者两方面探寻我国公民参与决策问题的完善路径。

有 36.17%的农民选择了"信访、检举、揭发",可见相当一部分农民选择了非温和的参与方式,地方政府面对此状况更多地应予以疏导、规范,而不是一味地"截访"和制裁。仍有两成农民选择"出资金"参与,可见在与经济效益直接相关的土地整理活动中,农民纵使经济状况困窘,也不会拒绝能带来直接收益的投资。故制约我国开展土地整理的关键问题不在资金来源,而在资金运作的方式、监管和收益分配上。位居末位的是"打官司",可见"诉累"之惑确已成为困扰我国法治建设的关键问题之一,有必要进行司法体制改革,降低诉讼门槛,提供各种法律援助。作为弱势群体的农民之诉权更应予以重点保障,鼓励农民以诉讼作为穷尽其他救济方式后的终极选择,而充分维护其合法权益。

表4 参与土地整理的方式(多选)

选项	提建议	作决策	出资金	义务出工参与项目施工	有偿出工参与项目施工	信访、检举、揭发	打官司
选择次数	3750	1932	872	914	2108	1554	613
占总比	87.29	44.97	20.3	21.28	49.07	36.17	14.27

注:同表1。

3.参与土地整理的载体

当问及"您打算通过什么机构参与农村土地整理"时,回答"乡镇政府及县国土资源管理部门"的有1247人,约占总比29.03%;回答"村民委员会"的有773人,约占总比17.99%;回答"村民代表大会"的有1933人,约占总比45%;回答"农会、农村土地整理协会之类的民间组织"的有343人,约占总比7.98%。

可见62.99%的农民对农村基层群众性自治组织仍寄予较大期望,希望其能在土地整理活动中发挥更突出的组织协调作用。此外,政府在当前土地整理活动中主导性仍较为突出,使该活动带有较浓厚的自上而下的土地行政管理色彩,近三成农民对参与土地整理的认知停留于此。极少数农民希望通过农会、农村土地整理协会之类的农村新兴社会组织实现参与,说明农民的参与意识有待进一步提升,同时,当下该类农村新兴社会组织发展确实相对滞后。有必要通过立法予以引导实现一定程度的发展,而在相对弱势的农民和相对强势的基层政府之间形成更为有效的缓冲,为农民提供多元化的利益表达方式和维权路径。

4. 参与土地整理的积极性

当问及"您愿意自己承担往返路费,去无偿参加土地整理项目相关听证会吗"时,回答"愿意"的有1029人,约占总比23.95%;回答"不愿意"的有1570人,约占总比36.55%;回答"如果给点误工补贴就更愿意参加"的有1697人,约占总比39.5%。

可见农民对听证会形式的参与有较高的积极性,甚至于自担费用前提下仍有两成多农民愿意参加,也说明了农民在这些年的普法宣传教育下已具备一定的公民意识、参与意识和自主意识,并非所谓的"小农思想"、"民智未开"。此外,就参与听证会的保障机制也应予以完善,至少为参与者提供必要的物质条件和经费支持,而能更好地激发近四成农民的参与热情。当然更为重要的是听证会的实效,只有这样才能保持农民的参与积极性并进一步提升参与质量。

综上所述,农民最关注土地整理项目规划设计阶段的参与;农民普遍认同以"提建议"方式实现参与;农民参与土地整理的载体主要是农村基层群众性自治组织;农民普遍对以听证会方式实现参与有较高积极性。

(三) 农民对土地整理模式的期许

1. 出资模式

当问及"如果在本村开展土地整理,您希望是谁出钱"时,调研数据显示:若将土地整理活动完全限定为自治行为,仅由村民集资完成难以顺利达成预期目的(表5)。应建立以政府投入为主、市场化运作为辅、相关受益者参与的多元出资模式。

表5　土地整理的出资模式（多选）

选项	政府出钱	村委会组织村民集资出钱	企业出钱
选择次数	3527	1643	2111
占总比	82.1	38.24	49.14

注:同表1。

2. 施工模式

当问及"如果在本村开展土地整理,您希望是谁施工"时,回答"政府组织村民施工"的有1839人,约占总比42.81%;回答"村委会组织村民施工"的有1022人,约占总比23.79%;回答"中标单位施工"的有1304人,约占总比30.35%。

可见绝大多数农民对纯市场化运作土地整理活动的方式是不信任的,也回应了当前我国社会主义市场经济体制尚不健全的现实。更为现实的施工运行模式应以政府、村委会组织村民参与为主,纯市场化运行为辅。

3. 验收模式

当问及"如果在本村开展土地整理,您希望是谁验收"时,调研数据显示:七成多农民希望通过村委会和村民代表实现对土地整理工程验收工作的参与,同时也对政府承担更多监管职责寄予期望(表6)。故在此问题上不应完全否定现行验收模式,需进一步凸显村委会和村民代表在验收中的作用,并通过高位阶法律设定予以明确规范。

此外,仅25.51%的农民认同出资企业验收,说明当前市场运作机制确实存在较多漏洞,特别是企业诚信问题备受质疑。欲丰富土地整理活动中市场化要素,关键还是在于整体市场运行机制的健全与完善。相关立法就此也应予以规制,特别是强化罚则设定,增加企业违法成本。

表6　土地整理的验收模式（多选）

选项	政府验收	出资企业验收	村委会、村民代表验收
选择次数	3241	1096	3372
占总比	75.44	25.51	77.44

注:同表1。

4. 收益分配模式

当问及"如果本村开展土地整理后,要调整土地承包经营权和宅基地使用权,并分配相关收益,您希望是谁作决定"时,调研数据(表7)和前述验收模式结果大体一致,说明:绝大多数农民对市场化运作下由企业主导收益分配是不满的,将更为公正合理的收益分配寄望于村委会、村民代表和政府共同作出决定。

表7　土地整理的收益分配模式(多选)

选项	政府决定	出资企业决定	村委会、村民代表决定
选择次数	3381	998	3435
占总比	78.7	23.23	79.96

注:同表1。

综上所述,农民普遍希望由政府出资开展土地整理,由政府、村委会组织村民施工,由村委会、村民代表和政府实施土地整理项目验收并决定收益分配。

二、农民参与土地整理法律规范之设计

(一)引导、推动农民参与能力的提升

1. 培育主体意识以提高认知能力

主体意识是形成认知能力的基础。"主体意识就是人对自身的主体地位、主体能力和主体价值的自觉意识,以及在此基础上对外部世界和人自身自觉认识和改造的意识。"①农民才应是土地整理活动的核心主体,具有主体意识是农民实现有效参与的前提条件。如果缺乏主体意识,农民则很难积极主动地表达自己的意见看法,就不可能有真正意义上农民对土地整理活动的参与。"农民主体意识包括农民对新农村建设重要性、长期性的感知(新农村建设感知),如何发展现代农业、成为新型农民等的基本知识(新农村建设认知),以及自觉承担建设新农村义务的责任意识(新农村建设意识)。"②调研数据反映出的"农民普遍认同土地整理与自身利益关系密切"

---

① 张建云:《主体意识与人的全面发展》,《中共四川省省级机关党校学报》2002年第4期。

② 王钊、邓宗兵:《建设新农村条件下的农民主体意识与参与行为》,《改革》2008年第5期。

即充分证明了当前我国农民基于现实利益需求已经基本具备一定的主体意识,从而为农民能够真正参与土地整理活动提供了最基础的先决条件。

应在"农民参与"专章中,以具体法律规范指引农民积极主动地去认识、了解甚至是掌握与土地整理活动相关的政策、法律及各种制度设定,促进土地整理活动的其他主体对此予以尊重、鼓励和有效扶持。在当前农村政策法制宣讲过程中,除进一步加强已取得初步成效的宣讲模式外,应拓宽宣讲渠道、丰富信息传播方式,不再局限于调研数据反映出的"电视、村干部和报纸";结合农村实际不断补充新的宣讲内容,如调研数据反映出的"农田道路建设和农田水利设施建设"以外的土地整理其他主要内容。

2. 培育权利意识以提高思维能力和表达能力

权利意识是形成思维能力和表达能力的基础。唯有让农民清楚地知悉其应有权利,引导更多农民形成一定的权利意识,方能更为自觉地、积极主动地参与土地整理。"权利意识是指人们对自我利益和自由的认知、主张和要求,以及对他人认知、主张、要求的社会评价。其中,权利认知是指人们对自己应该或实际享有的利益和自由的认识和知悉,它反映着人们权利意识的强弱;权利主张是人们对自己应该或实际享有的权利予以主动确认和维护的意识,如当自己的权利受到侵害时寻求合法途径加以维护的意识等;权利要求是指人们根据社会的发展变化,主动向社会或政府提出新的权利请求的意识,它是一种较高层次的权利意识。"①调研数据反映出的"大多数农民希望通过开展土地整理改善生产条件、提高耕地质量、增加收入"即可见当前我国农民已形成一定的权利认知,但在权利主张和权利要求方面基于文化素质较低、法律知识相对欠缺或自身实践能力不足等原因,使该初步意识到的权利难以真正落实。

应在"农民参与"专章中,以具体法律规范推动农村普及型义务教育,加强针对农村"留守"人群的专门知识成人教育。如受访样本 48.1% 的小学及以下文化水平是难以形成充分参与土地整理活动所需思维能力的。要以具体法律规范设计多样化、便捷的表达渠道,鼓励农民勇于和及时准确地表达自己的意愿、建议和要求,提高自己的表达能力。要让"大多数农民"

---

① 高鸿钧:《中国公民权利意识的演进》,载夏勇主编:《走向权利的时代:中国公民权利发展研究》,中国政法大学出版社 1995 年版,第 5—6 页。

从"希望通过……实现……"变成"通过……实现了……",除具体法律规范保障外还要更多的通过参与实践不断提高参与质量,"以参与学习参与"、"以参与培育参与"。

3. 科学引导参与热情

应在"农民参与"专章中,以具体法律规范对在调研数据中所呈现的农民参与热情予以肯定、鼓励和保护,但也要预留一定的农民"不当参与"或"非制度化参与"的成本空间。"非制度化参与包括集体越级上访告状、静坐与示威、暴力抗争、公共场所的群体骚乱、宗族势力干预以及对乡村基层干部的报复性攻击等。"①被参与者(政府或村委会)应对基于参与热情显露出的非违法的不当或非制度化参与予以更多的容忍,以恰当方式引导农民的参与热情并给予友善的帮助和建议。也可引入保障、激励机制,为农民实现参与提供必要的物质条件,表彰积极参与并作出较大贡献的农民,给予一定的物质和精神奖励。

(二) 成立土地整理协会作为农民参与土地整理的组织平台

应在"农民参与"专章中,以具体法律规范设定更为专业、更具第三方独立性的组织来充任农民参与土地整理的组织平台。"目前我国农地整理的组织模式主要是村镇一级为组织、实施单位,部分地区市、县政府程度不同地参与指导和组织。"②"随着立法活动的推进,伴随着理论研究和实践活动的不断勃兴,人们越来越认识到中国农民的组织建设,特别是农村市场主体的建设是解决我国'三农'问题的重要基础。"③虽然调研数据反映出"农民参与土地整理的载体主要是农村基层群众性自治组织",但并不等于"农民参与土地整理的最好载体就是农村基层群众性自治组织"。可组织成立土地整理协会作为农民实现参与的组织平台。

1. 组织构成

土地整理协会主要由农民自发参加组成,出资企业也可参与其中,以确保相关利益主体的广泛参与。此外设定志愿者服务条款,鼓励具备一定专

① 胡弘弘、赵涛:《农民政治参与的现状考察》,《四川师范大学学报(社会科学版)》2009 年第 2 期。

② 冯广京:《我国农地整理模式初步研究》,《中国土地》1997 年第 6 期。

③ 李长健:《农民合作经济组织社会责任研究》,《法商研究》2005 年第 4 期。

业知识、技能的志愿者(特别是大学生志愿者)为该联合会提供技术、法律援助,以弥补农民思维能力之不足。

2. 组织原则

土地整理协会应定位为非营利性、非常设性公益组织。其因土地整理项目之立项由所涉区域农民在政府土地管理部门引导下自发设立,因土地整理项目验收完结而解散,存续期间作为村民委员会的特设独立专职工作部门而开展活动。

3. 法律地位

土地整理协会的法律地位一方面参照村民委员会组织法就设定村民委员会之内容确立一般性规定,另一方面在"农民参与"专章中就该组织的成立登记、运行、解散程序、权利义务、职责等问题予以专门性规定,进而保证其活动开展有法可依、活动实效得法保障。该土地整理协会应成为农民与出资企业、政府之间平等对话的桥梁,而有效激发农民参与土地整理活动的主动性,动员农民积极参与相关座谈会、听证会,于土地整理各个阶段保障农民的参与实效。

(三) 在土地整理各阶段设定多样化的参与准则

农民参与土地整理其实是一个从"被动接受—合作—主动参与"的过程。应在"农民参与"专章中,以可资实际操作为导向、以农民为主体、以土地整理协会为基础,在土地整理各阶段设定多样化的参与准则。

1. 项目立项阶段

就参与方式而言:调研数据反映出"农民最关注土地整理项目规划设计阶段的参与",则可在该阶段设计多元化的参与方式。在项目申请提出、审核期间,农民通过咨询可公开信息实现参与;在调查登记期间,农民通过如实提供相关材料及提建议实现参与;在项目方案具体设计期间,农民通过提建议及参加相关听证会实现参与。

就参与内容而言:在项目选址时要从土地利用现状、土地适宜性、新增耕地潜力以及项目实施可行性等方面进行研究,因地制宜确定项目区范围、投资规模、新增耕地比例和项目主要工程内容,全面分析项目实施对生态环境和农民收入的影响。具体通过土地整理协会组织召开座谈会或发布征求意见书等形式让农民获取各种可公开信息。向农民公开的信息应包括:项目名称、区域范围、性质及立项批复等。

调研数据反映出"农民普遍认同以'提建议'方式实现参与",则可就农民意见反映渠道作多样化设计,鼓励农民通过土地整理协会提交各种口头或书面意愿、建议。由土地整理协会将各种经综合、整理后的意愿、建议转达土地整理项目设计方,尽量把农民的意愿、建议带入项目方案设计中,使项目方案尽可能与农民利益一致。项目方案初步设计完成后,形成综合性的设计成果(项目规划文本、规划说明和规划图样)。

调研数据反映出"农民普遍对以听证会方式实现参与有较高积极性",则不妨积极推动听证会方式在土地整理活动中的应用。由土地整理协会组织召开农民听证会,相关费用从土地整理项目资金中列支。其他土地整理活动主体和农民一道共同参加设计成果的审定、修改、完善。项目方案审查通过后,及时向农民公布。

2. 项目实施阶段

就参与方式而言:农民可通过出资、出工及行使信访、检举、揭发等监督权实现参与。

就参与内容而言:项目施工现场应设立公示牌,将批复建设项目的名称、建设位置、建设规模、新增耕地面积、总投资、建设工期、土地权属状况、承担单位、施工单位、监理单位、设计单位等内容公示,让农民明确了解项目建设的基本情况。

调研数据反映出"农民普遍希望由政府、村委会组织村民施工",则不妨通过土地整理协会来专门组织项目相关农民最大范围地参与项目施工,一方面能让相关农民就该土地整理项目产生更为直观的感知和认同感,另一方面也能为相关农民提供劳务获酬的机会而增加收入。

调研数据反映出"农民普遍希望由政府出资开展土地整理",在政府财力充裕的前提下当然可由政府完全出资,但若政府财力有限、施工资金不足,经有关主管部门批准也可以"集资、募股、分红"形式向土地整理项目各方主体(包括农民)募集资金并确定资金偿还、收益方式。"大部分村民虽然愿意为公益事业建设集资,但其前提是自己能够从该事业中受益。"①以

---

① "农村土地问题立法研究"课题组:《农村土地法律制度运行的现实考察——对我国 10 个省调查的总报告》,《法商研究》2010 年第 1 期。

具体法律规范明确了"分红"事宜的前提下,"集资、募股"形式也是可期的。当然还要推行项目资金公示制,将项目资金流向置于农民的监督之下,实行阳光操作。在主要单项工程实施地点,向农民公示所建工程的标准、投资和施工、监理单位等情况。土地整理协会组织成立农民监督小组进行工程质量、进度监督,若出现纠纷经土地整理协会协商不成,农民则可采取信访、检举、揭发或诉讼方式让土地整理主管部门或司法机关介入裁量。

3. 项目验收阶段

就参与方式而言:农民可通过参加验收及参加决定权属调整等收益分配事宜实现参与。

就参与内容而言:调研数据反映出"农民普遍希望由村委会、村民代表和政府实施土地整理项目验收并决定收益分配",则可由土地整理协会组织农民代表参加项目验收组进行工程验收,并组织召开农民座谈会,征询农民意见。项目竣工后应规范设立土地整理标志牌和标识,标志牌内容应包括项目区所在位置、面积、责任人、相关政策规定、示意图和监督举报电话等,接受农民监督。土地整理协会协调项目所在地乡镇政府和有关农民集体经济组织,共同决定并公开项目区土地权属调整等收益分配方案,协助办理土地变更登记和发证手续。

<h2 style="text-align:center">小　　结</h2>

综上所述,"宪法依据于我国土地整理立法之适用"是基于我国土地整理立法价值、立法体制、立法内容在宪法价值与宪法规范两个层面的宪法依据所展开的。这里从目的性价值与道德性价值两个方面来探讨宪法价值如何适用于土地整理立法;从立法主体规定与立法权限规定两个方面来探讨宪法立法体制规范如何适用于土地整理立法;从权属规定、利用规定、保护规定与权力谦抑规定四个方面来探讨宪法土地问题规范如何适用于土地整理立法。最终回答"根据宪法如何科学地制定土地整理立法"问题,而完成以"我国土地整理立法"为样本实证分析"宪法依据"问题之证成。

宪法目的性价值包括宪法价值目标和宪法价值关系两方面内容,宪法道德性价值包括宪法价值要素和宪法价值要素的渊源两方面内容。根据它们所确立之土地整理立法目的性价值与道德性价值也应体现在这些方面。在宪法于价值层面应呈现之根本法属性的作用下,土地整理立法价值应与宪法价值相协调,以探寻契合于宪法价值的土地整理立法价值。

宪法立法主体规定生成的规范命题为狭义的法定立法主体和广义的参与立法主体,宪法立法权限规定生成的规范命题为立法权限实质要件与立法权限形式要件。根据它们所设定之土地整理立法主体与立法权限也应体现在这些方面。在宪法于规范效力层面应呈现之根本法属性的作用下,土地整理立法体制作为宪法立法体制规范确立之立法体制制度存在的一个具体领域,应依据该类规范进行具体设定,以探寻契合于宪法立法体制规范的土地整理立法体制。

宪法典自然资源、土地权属规定生成的规范命题为自然资源、土地之两类非私有原则,宪法典自然资源、土地利用规定生成的规范命题为合理利用原则,宪法典自然资源、土地保护规定生成的规范命题为禁止侵占或破坏、禁止非法转让原则,宪法典土地权力谦抑规定生成的规范命题为权力谦抑原则。根据它们所确立之土地整理权属设置与土地整理立法原则,所完善之土地整理程序、资金、法律责任规范与农民参与土地整理规范也应体现在这些方面。在宪法于规定的内容上应呈现之根本法属性的作用下,土地整理立法内容必须以宪法土地问题规范之相关原则性和纲领性内容为线索进行具体设计,以探寻契合于宪法土地问题规范的土地整理立法内容。

结　语

　　"宪法依据问题研究——以我国土地整理立法为例"是以"我国土地整理立法"为样本就"宪法依据"问题进行研究。故而本书分别以"我国土地整理立法有否依据宪法之判定"、"我国土地整理立法的宪法依据之界定"、"宪法依据于我国土地整理立法之适用"三章逐次对"立法为什么要依据宪法"、"立法依据宪法的什么"、"根据宪法如何科学地立法"三个问题进行了解答,并得出以下结论。

　　首先,"我国土地整理立法有否依据宪法之判定"是以"我国土地整理立法"为样本,从立法方面来解答"立法为什么要依据宪法"问题,而实现对以"宪法的根本法属性"从宪法方面解答该问题之补正。应以土地整理法律行为、土地整理法律关系和土地整理法律规范之厘清为前提,以我国土地整理立法的应然与实然皆可归结的主要内容之立法价值、立法体制、立法内容三个方面为研究范畴,结合土地整理程序规范、土地整理资金规范、土地整理法律责任规范,解析出实然层面的我国土地整理立法在立法价值、立法体制、立法内容方面存在的不足,进而判定我国土地整理立法在立法价值、立法体制、立法内容上并未依据宪法而科学地确立。

　　其次,"我国土地整理立法的宪法依据之界定"是以"我国土地整理立法"为样本,基于该样本并未依据宪法而科学地确立之判定,来解答"立法依据宪法的什么"问题。应以实然层面的我国土地整理立法在立法价值、立法体制、立法内容方面存在的不足为逻辑起点,界定其立法价值应依据的宪法价值即宪法目的性价值与宪法道德性价值,界定其立法体制应依据的宪法立法体制规范即宪法典和立法法所确立之立法主体规定与立法权限规定,界定其立法内容应依据的宪法土地问题规范即宪法典所确立之权属规定、利用规定、保护规定和权力谦抑规定。

最后,"宪法依据于我国土地整理立法之适用"是以"我国土地整理立法"为样本,基于该样本的相应宪法依据,而解答"根据宪法如何科学地立法"问题。应以该样本在立法价值、立法体制、立法内容方面的相应宪法依据为逻辑起点,针对实然层面的我国土地整理立法在立法价值、立法体制、立法内容方面存在的不足,从目的性价值与道德性价值两方面确立我国土地整理立法价值,从立法主体与立法权限两方面设定我国土地整理立法体制,从权属设置、立法原则、程序、资金、法律责任、农民参与土地整理六个方面设计我国土地整理立法内容,并实现土地整理程序规范、土地整理资金规范、土地整理法律责任规范、农民参与土地整理法律规范之完善。

最终基于对该样本的研究,可初步确立"宪法依据"问题的基本研究"范式"。其一,对立法依据宪法的原因应进行双向度的研究。宪法的根本法属性仅仅是从宪法方面分析的立法要依据宪法之原因,立法有否依据宪法之判定则是从立法方面分析的立法要依据宪法之原因。应基于立法学的视角,通过该立法的应然与实然之比较,探究其实然层面存在的不足,而判定该立法有否依据宪法而科学地确立。其二,具体立法的相应宪法依据应体现于宪法价值与宪法规范两个层面。应从目的性价值和道德性价值两方面探寻具体立法价值应契合之宪法价值,应从宪法典和相关宪法性法律中探寻具体立法体制、具体立法内容的宪法规范依据。其三,相应宪法依据于具体立法的适用应体现于立法价值、立法体制、立法内容三个方面。应根据宪法价值确立具体立法价值,应根据相关宪法规范设定具体立法体制、设计具体立法内容。

上述研究结论初步完成了对"宪法依据问题研究——以我国土地整理立法为例"的逻辑回应与理论证成。或许本书研究所针对的问题、选择的样本略显小众化、边缘化,而使得该研究之典型性、示范性、普遍性有待进一步检验,但拳拳创新之心望予海涵。在今后的学习、工作中,将展开后续研究而努力使之更臻完满。一方面,立足于"我国土地整理立法"这一样本,结合更深入的实证调研,进一步完善已确立的"宪法依据"问题基本研究"范式";另一方面,选择新的样本从不同领域继续进行研究,并探寻更为合理的"宪法依据"问题研究"范式"。

参考文献

一、著作类

[1][英]约翰·奥斯丁:《法理学的范围》,刘星译,中国法制出版社2002年版。

[2][美]布鲁斯·阿克曼:《我们人民——宪法的变革》,孙文恺译,法律出版社2009年版。

[3][英]边沁:《政府片论》,沈叔平等译,商务印书馆1995年版。

[4][英]边沁:《道德与立法原理导论》,时殷弘译,商务印书馆2000年版。

[5][英]齐格蒙特·鲍曼:《共同体》,欧阳景根译,江苏人民出版社2003年版。

[6][英]沃尔特·白芝浩:《英国宪法》,夏彦才译,商务印书馆2005年版。

[7][美]理查德·波斯纳:《并非自杀契约——国家紧急状态时期的宪法》,苏力译,北京大学出版社2010年版。

[8]曹海晶:《中外立法制度比较》,商务印书馆2004年版。

[9]陈德敏:《资源法原理专论》,法律出版社2011年版。

[10][美]德沃金:《法律帝国》,李常青译,中国大百科全书出版社1996年版。

[11]费巩:《比较宪法》,法律出版社2007年版。

[12]付梅臣、王金满、王广军:《土地整理与复垦》,地质出版社2007年版。

[13]高向军:《土地整理理论与实践》,地质出版社 2003 年版。

[14]郭星华:《法社会学教程》,中国人民大学出版社 2011 年版。

[15][美]斯科特·戈登:《控制国家——西方宪政的历史》,应奇、陈丽薇、孟军、李勇译,江苏人民出版社 2001 年版。

[16][德]迪特儿·格林:《现代宪法的诞生、运作和前景》,刘刚译,法律出版社 2010 年版。

[17][德]哈贝马斯:《公共领域的结构转型》,曹卫东、王晓钰、刘北城、宋伟杰译,学林出版社 1999 年版。

[18][德]哈贝马斯:《在事实与规范之间——关于法律和民主法治国的商谈理论》,童世骏译,生活·读书·新知三联书店 2011 年版。

[19][美]汉密尔顿等:《美国宪法原理》,严欣淇译,中国法制出版社 2005 年版。

[20][英]K.C.惠尔:《现代宪法》,翟小波译,法律出版社 2006 年版。

[21][英]保罗·霍普:《个人主义时代之共同体重建》,沈毅译,浙江大学出版社 2010 年版。

[22]金岳霖:《形式逻辑》,人民出版社 2006 年版。

[23][奥]凯尔森:《法与国家的一般理论》,沈宗灵译,中国大百科全书出版社 1996 年版。

[24][奥]凯尔森:《纯粹法理论》,张书友译,中国法制出版社 2008 年版。

[25][英]柯林武德:《历史的观念》,何兆武、张文杰译,商务印书馆 1997 年版。

[26]李林:《立法理论与制度》,中国法制出版社 2005 年版。

[27]李卫祥:《农村土地整理》,中国社会出版社 2008 年版。

[28]李志祥、刘宏娟、刘金铜、谭莉梅:《区域土地开发整理——河北省土地开发整理模式与潜力研究》,气象出版社 2013 年版。

[29]林来梵:《从宪法规范到规范宪法——规范宪法学的一种前言》,法律出版社 2001 年版。

[30]刘俊:《中国土地法理论研究》,法律出版社 2006 年版。

[31]刘俊:《土地所有权国家独占研究》,法律出版社 2008 年版。

［32］刘茂林：《中国宪法导论》，北京大学出版社 2009 年版。

［33］刘茂林、杨贵生、秦小建：《中国宪法权利体系的完善——以国际人权公约为参照》，北京大学出版社 2013 年版。

［34］刘双良：《土地整治规划》，天津大学出版社 2011 年版。

［35］吕广明、李尧、苏海洋：《国土整治项目管理》，中国水利水电出版社 2012 年版。

［36］罗豪才、宋功德：《软法亦法——公共治理呼呼软法之治》，法律出版社 2009 年版。

［37］［美］约翰·罗尔斯：《正义论》，何怀宏、何包钢、廖申白译，中国社会科学出版社 1988 年版。

［38］［日］芦部信喜：《宪法》，林来梵、凌维慈、龙绚丽译，北京大学出版社 2006 年版。

［39］［德］托马斯·莱赛尔：《法社会学导论》，高旭军等译，世纪出版集团、上海人民出版社 2011 年版。

［40］［英］梅因：《古代法》，沈景一译，商务印书馆 1959 年版。

［41］［英］约翰·密尔：《论自由》，许宝骙译，商务印书馆 1959 年版。

［42］［英］J.S.密尔：《代议制政府》，汪瑄译，商务印书馆 1984 年版。

［43］［英］约翰·穆勒：《功利主义》，徐大建译，世纪出版集团、上海人民出版社 2008 年版。

［44］［英］尼尔·麦考密克、［奥］奥塔·魏因贝格尔：《制度法论》，周叶谦译，中国政法大学出版社 2004 年版。

［45］［英］杰弗里·马歇尔：《宪法理论》，刘刚译，法律出版社 2006 年版。

［46］［荷］亨克·范·马尔塞文、格尔·范·德·唐：《成文宪法——通过计算机进行的比较研究》，陈云生译，北京大学出版社 2007 年版。

［47］［阿根廷］卡洛斯·桑迪亚戈·尼诺：《慎议民主的宪法》，赵雪纲译，法律出版社 2009 年版。

［48］蒲坚：《中国历代土地资源法制研究》，北京大学出版社 2011 年版。

［49］［美］托马斯·潘恩：《潘恩选集》，马清槐等译，商务印书馆 1981

年版。

[50][美]罗斯科·庞德:《通过法律的社会控制法律的任务》,沈宗灵、董世忠译,商务印书馆1984年版。

[51][美]罗斯科·庞德:《法律史解释》,邓正来译,中国法制出版社2002年版。

[52][美]罗斯科·庞德:《法理学(第一卷)》,邓正来译,中国政法大学出版社2004年版。

[53][美]罗斯科·庞德:《法理学(第二卷)》,邓正来译,中国政法大学出版社2007年版。

[54]乔润令、顾惠芳、王大伟等:《城乡建设用地增减挂钩与土地整治:政策与实践》,中国发展出版社2013年版。

[55][美]劳伦斯·H.却伯、迈克尔·C.多尔夫:《解读宪法》,陈林林、储智勇译,上海三联书店2007年版。

[56]石佑启:《论公共行政与行政法学范式转换》,北京大学出版社2003年版。

[57]萨孟武:《宪法新论》,中国方正出版社2006年版。

[58][德]卡尔·施米特:《宪法学说》,刘锋译,世纪出版集团、上海人民出版社2005年版。

[59][德]卡尔·施密特:《宪法的守护者》,李君韬、苏慧婕译,商务印书馆2008年版。

[60][美]菲利普·塞尔兹尼克:《社群主义的说服力》,马洪、李清伟译,世纪出版集团、上海人民出版社2009年版。

[61][法]埃米尔·涂尔干:《社会分工论》,渠东译,生活·读书·新知三联书店2000年版。

[62][美]马克·图什内特:《让宪法远离法院》,杨智杰译,法律出版社2009年版。

[63][德]斐迪南·滕尼斯:《共同体与社会——纯粹社会学的基本概念》,林荣远译,北京大学出版社2010年版。

[64]王卫国:《中国土地权利研究》,中国政法大学出版社1997年版。

[65]王书成:《合宪性推定论:一种宪法方法》,清华大学出版社2011

年版。

[66]吴经熊:《法律哲学研究》,清华大学出版社 2005 年版。

[67]吴家清、杜承铭:《宪法学》,科学出版社 2008 年版。

[68][德]马克斯·韦伯:《经济与社会(上、下卷)》,林荣远译,商务印书馆 1997 年版。

[69][德]马克斯·韦伯:《经济、诸社会领域及权力》,李强译,生活·读书·新知三联书店 1998 年版。

[70][德]马克斯·韦伯:《论经济与社会中的法律》,张乃根译,中国大百科全书出版社 1998 年版。

[71][德]马克斯·韦伯:《社会科学方法论》,李秋零、田薇译,中国人民大学出版社 1999 年版。

[72][德]E.魏斯:《联邦德国的乡村土地整理》,贾生华译,中国农业出版社 1999 年版。

[73]肖泽晟:《宪法学——关于人权保障与权力控制的学说》,科学出版社 2003 年版。

[74]咸鸿昌:《英国土地法律史——以保有权为视角的考察》,知识产权出版社 2011 年版。

[75]严金明、钟金发、池国仁:《土地整理》,经济管理出版社 1998 年版。

[76]周旺生:《立法论》,北京大学出版社 1994 年版。

[77]周旺生:《立法学》,法律出版社 2004 年版。

[78]张文显:《法哲学范畴研究(修订版)》,中国政法大学出版社 2001 年版。

[79]张知本:《宪法论》,中国方正出版社 2004 年版。

[80]张千帆:《宪法学讲义》,北京大学出版社 2011 年版。

[81]张正峰:《土地整理的模式与效应》,知识产权出版社 2011 年版。

[82]张凤荣:《农村土地整治的理论与实践》,中国农业大学出版社 2012 年版。

[83]朱力宇、张曙光:《立法学》,中国人民大学出版社 2006 年版。

[84][德]莱因荷德·齐柏里乌斯:《法学导论》,金振豹译,中国政法

大学出版社 2007 年版。

[85]David E. Kyvig, *Explicit and Authentic Acts：Amending the U.S. Constitution 1776~1995*, Lawrence：University Press of Kansas, 1996.

[86] Dinah Shelton, *Commitment and Compliance：The Role of Nonbinding Norms in the International Legal System*, Oxford：Oxford University Press, 2000.

[87]J. Cooper and A. Marshall-Williams, *Legislating for Human Rights*, Oxford and Portland, Oregon：Hart Publishing, 2000.

[88] Paul Brest, *Processes of Constitutional Decisionmaking*, Boston：Little, Brown and Company, 1975.

[89]Sabine Michalowski and Lorna Woods, *German Constitutional Law：The Protection of Civil Liberties*, Aldershot and Brookfield：Ashgate Publishing Company and Dartmouth Publishing Company, 1999.

[90]Simpson S. R., *Land Law and Registration*, Cambridge：Cambridge University Press, 1978.

二、论文类

[1]高世昌:《中国土地开发整理监管研究》,《资源与产业》2008 年第 5 期。

[2]郭洪泉:《我国农村土地整理的法律思考》,《中国土地科学》2001 年第 1 期。

[3]郭洁:《土地整理过程中宏观调控法律问题研究》,《中国法学》2003 年第 6 期。

[4]韩大元:《论宪法解释程序中的合宪性推定原则》,《政法论坛》2003 年第 2 期。

[5]韩大元:《论合宪性推定原则》,《山西大学学报(哲学社会科学版)》2004 年第 3 期。

[6]胡峻:《"根据宪法,制定本法"作为立法技术的运用》,《法治研究》2009 年第 7 期。

[7]姜爱林:《论土地整理的法律概念》,《国土经济》1997 年第 6 期。

［8］贾文涛、张中帆:《德国土地整理借鉴》,《资源·产业》2005 年第 2 期。

［9］江国华:《和谐社会的宪政价值》,《法学论坛》2005 年第 4 期。

［10］剧宇宏:《我国土地整理的法律思考》,《农业经济》2009 年第 6 期。

［11］李毅易:《试析日本国家赔偿制度的宪法根据》,《中外法学》1990 年第 6 期。

［12］李步云:《法的应然与实然》,《法学研究》1997 年第 5 期。

［13］曲三强:《被动立法的百年轮迴——谈中国知识产权保护的发展历程》,《中外法学》1999 年第 2 期。

［14］秦国荣:《维权与控权:经济法的本质及功能定位——对"需要干预说"的理论评析》,《中国法学》2006 年第 2 期。

［15］宋才发:《论农村耕地占补平衡的法律规范》,《中南民族大学学报(人文社会科学版)》2011 年第 1 期。

［16］宋才发:《土地开发整理制度的法律规范研究》,《商丘师范学院学报》2011 年第 1 期。

［17］王军、余莉、罗明、翟刚:《土地整理研究综述》,《地域研究与开发》2003 年第 2 期。

［18］王培斌:《刑事立法摆脱被动应对局面的思考——评全国人大常委会关于信用卡犯罪的立法解释与刑法修正案》,《天津市政法管理干部学院学报》2005 年第 3 期。

［19］王珺:《日本的土地区画整理对中国合理用地的启示》,《北方经贸》2009 年第 9 期。

［20］万宝瑞、李建知、申和平:《法国的土地集中政策》,《农业技术经济》1986 年第 8 期。

［21］谢晖:《部门法法哲学的成长逻辑——兼论"部门法学"的学理化问题》,《文史哲》2002 年第 1 期。

［22］周伟:《论宪法的渊源》,《西南民族学院学报(哲学社会科学版)》1997 年第 1 期。

［23］郑少华:《经济法的本质:一种社会法观的解说》,《法学》1999 年

第 2 期。

　　[24]卓泽渊:《法律全球化解析》,《法学家》2004 年第 2 期。

　　[25]郑贤君:《作为根本法的宪法:何谓根本》,《中国法学》2007 年第
4 期。

　　[26]Arvo Vitikainen, "An Overview of Land Consolidation in Europe",
Nordic Journal of Surveying and Real Estate Research, Vol.1, 2004.

　　[27]Adri Van Den Brink and Marijn Molema, "The Origins of Dutch
Rural Planning: A Study of the Early History of Land Consolidation in the Neth-
erlands", *Planning Perspectives*, no.23, 2008.

　　[28]P. Agrawal, "Urban land Consolidation: A Review of Policy and Pro-
cedures in Indonesia and Other Asian countries", *GeoJournal*, no.49, 1999.

　　[29]Rafael Crecente and Carlos Alvarez and Urbano Fra, "Economic, So-
cial and Environmental Impact of Land Consolidation in Galicia", *Land Use
Policy*, no.19, 2002.

　　[30]Terry Van Dijk, "Complications for Traditional Land Consolidation in
Central Europe", *Geoforum*, no.38, 2007.

附　　录

A　我国农民参与农村土地整理问题调查问卷

调查员姓名：　　　　　调查时间：　　　　　调查地点：

亲爱的朋友：

为了解目前我国农民参与农村土地整理问题的相关情况，我们进行这次调查，希望得到您的合作。下列问卷无对错之分，只求真实，不计姓名，不必有任何顾虑。感谢您的积极参与！

问卷填答说明：

1.请在所选择的选项后"□"里画"√"，如选择"其他"，请在后面说明。

2.如无特别说明，问题回答为单选。

一、您的基本情况

1.性别：

(1)男性　□　　(2)女性　□

2.民族：

(1)汉族　□　　(2)少数民族　□

3.文化程度：

(1)小学及以下　□　　(2)初中　□　　(3)高中　□

4.从事的主要职业：

(1)务农　□　　(2)务农兼打工　□

(3)其他(　)(请注明)

5.在村里担任的职务:

(1)村委会主任　□　　(2)村委会成员　□

(3)其他村干部　□　　(4)无　□

6.您家庭年均收入约为(元/年):

(1)5千以下　□　　(2)5千—8千　□　　(3)8千—1万　□

(4)1万—2万　□　　(5)2万—5万　□　　(6)5万以上　□

二、您对农村土地整理的认知程度

1.您了解国家农村土地整理政策、信息的渠道:(可多选)

(1)村干部　□　　(2)电视　□　　(3)报纸　□

(4)收音机　□　　(5)不了解、没听说过　□

(6)其他(　)(请注明)

2.您了解的农村土地整理的内容有哪些? (可多选)

(1)土地开发,如开垦荒地、滩涂、沙漠等,新增加了耕地面积　□

(2)土地复垦,如对废弃水利工程、废弃道路、废弃建筑等工矿业废弃地的恢复利用　□

(3)平整土地,如水稻格田、丘陵山区梯田、台田沟田规划等,使土地更适合种植　□

(4)农田水利设施建设　□　　(5)农田道路建设　□

(6)农田防护林网建设　□　　(7)土壤改良　□

(8)农村居民点归并集中　□　　(9)调整土地承包经营权　□

(10)调整宅基地使用权　□

(11)其他(　)(请注明)

3.您觉得农村土地整理与自身利益有没有关系?

(1)与自身利益关系密切　□　　(2)有点关系　□　　(3)没有什么关系　□

4.您是否希望本村开展土地整理?

(1)希望,不需要自己投资就能改善生产条件、提高耕地质量、增加收入,当然好　□

(2)不希望,自己没什么好处,倒便宜了那些有权有势的,维持现状最好　□

(3)无所谓,反正自己没什么好处也没什么坏处　□

三、您参与农村土地整理的具体内容

1.农村土地整理项目实施过程依先后顺序可分为以下几个阶段,您希望参与哪些阶段,知道相关信息并提出意见与建议?（可多选）

(1)相关方提出土地整理项目申请阶段　□

(2)主管方审核土地整理项目申请阶段　□

(3)调查被提请整理土地现状和登记相关土地承包经营权、宅基地使用权阶段　□

(4)整理项目规划设计阶段,土地评级并确立初步土地等值交换或现金补偿方案　□

(5)土地整理施工单位招投标阶段　□

(6)土地整理实施阶段,土地整理项目施工和相关土地承包经营权、宅基地使用权调整同步进行　□

(7)土地整理结束阶段,竣工验收并重新登记土地承包经营权和宅基地使用权、重新发证　□

2.您希望通过哪些方式参与农村土地整理?（可多选）

(1)提建议　□　　(2)作决策　□　　(3)出资金　□

(4)义务出工参与项目施工　□　　(5)有偿出工参与项目施工　□

(6)信访、检举、揭发　□　　(7)打官司　□

3.您打算通过什么机构参与农村土地整理?

(1)乡镇政府及县国土资源管理部门　□　　(2)村民委员会　□

(3)村民代表大会　□　　(4)农会、农村土地整理协会之类的民间组织　□

4.您愿意自己承担往返路费,去无偿参加土地整理项目相关行政听证会吗?

(1)愿意　□　　(2)不愿意　□

(3)如果给点误工补贴就更愿意参加　□

四、您想要的农村土地整理模式

1. 如果在本村开展土地整理,您希望是谁出钱?(可多选)

(1)政府出钱 □　　(2)村委会组织村民集资出钱 □　　(3)企业出钱 □

(4)其他( )(请注明)

2. 如果在本村开展土地整理,您希望是谁施工?

(1)政府组织村民施工 □　　(2)村委会组织村民施工 □

(3)中标单位施工 □

(4)其他( )(请注明)

3. 如果在本村开展土地整理,您希望是谁验收?(可多选)

(1)政府验收 □　　(2)出资企业验收 □　　(3)村委会、村民代表验收 □

(4)其他( )(请注明)

4. 如果本村开展土地整理后,要调整土地承包经营权和宅基地使用权,并分配相关收益,您希望是谁作决定?(可多选)

(1)政府决定 □　　(2)出资企业决定 □　　(3)村委会、村民代表决定 □

(4)其他( )(请注明)

您当前面临的主要土地问题是什么?

您的建议与意见:

B　调研总体数据统计表

注:百分比=选择次数/4296(总有效问卷数)。

占总比=选择次数/4296(总有效问卷数)。

1.1

选项	(1)	(2)
选择次数	2878	1418
百分比	66.99	33.01

1.2

选项	(1)	(2)
选择次数	3651	645
百分比	84.99	15.01

1.3

选项	(1)	(2)	(3)
选择次数	2067	1692	537
百分比	48.1	39.4	12.5

1.4

选项	(1)	(2)	(3)
选择次数	1847	1761	688
百分比	42.99	40.99	16.02

1.5

选项	（1）	（2）	（3）	（4）
选择次数	167	449	475	3205
百分比	3.89	10.45	11.06	74.6

1.6

选项	（1）	（2）	（3）	（4）	（5）	（6）
选择次数	587	930	758	1274	501	246
百分比	13.66	21.65	17.64	29.66	11.66	5.73

2.1

选项	（1）	（2）	（3）	（4）	（5）	（6）
选择次数	2155	3095	1797	1071	776	269
占总比	50.16	72.04	41.83	24.93	18.06	6.26

2.2

选项	（1）	（2）	（3）	（4）	（5）	（6）	（7）	（8）	（9）	（10）	（11）
选择次数	1798	1792	1815	2213	2871	1316	1829	1686	1749	1659	194
占总比	41.85	41.71	42.25	51.51	66.83	30.63	42.57	39.25	40.71	38.62	4.52

2.3

选项	（1）	（2）	（3）
选择次数	2558	1096	642
百分比	59.55	25.51	14.94

2. 4

选项	（1）	（2）	（3）
选择次数	3418	422	456
百分比	79. 56	9. 82	10. 62

3. 1

选项	（1）	（2）	（3）	（4）	（5）	（6）	（7）
选择次数	1902	1512	2204	2301	1396	1260	1766
占总比	44. 27	35. 2	51. 3	53. 56	32. 5	29. 33	41. 11

3. 2

选项	（1）	（2）	（3）	（4）	（5）	（6）	（7）
选择次数	3750	1932	872	914	2108	1554	613
占总比	87. 29	44. 97	20. 3	21. 28	49. 07	36. 17	14. 27

3. 3

选项	（1）	（2）	（3）	（4）
选择次数	1247	773	1933	343
百分比	29. 03	17. 99	45	7. 98

3. 4

选项	（1）	（2）	（3）
选择次数	1029	1570	1697
百分比	23. 95	36. 55	39. 5

4. 1

选项	（1）	（2）	（3）	（4）
选择次数	3527	1643	2111	188
百分比	82. 1	38. 24	49. 14	4. 38

4. 2

选项	（1）	（2）	（3）	（4）
选择次数	1839	1022	1304	131
百分比	42. 81	23. 79	30. 35	3. 05

4. 3

选项	（1）	（2）	（3）	（4）
选择次数	3241	1096	3372	146
百分比	75. 44	25. 51	77. 44	3. 4

4. 4

选项	（1）	（2）	（3）	（4）
选择次数	3381	998	3435	273
百分比	78. 7	23. 23	79. 96	6. 35

后　记

本书即将付梓之际,感触良多。期间的不易、辛酸、收获可谓人生的宝贵财富。这段旅程有太多的人助我前行,感激之情在此一一言达。

感谢我的母校"中南政法"。离开这座城市、这所学校打拼他乡时,方如此怀恋它的一草一木、温暖人情、青春记忆。从本科到博士,17年的坎坷求学路是我最主要的学识源泉。此为一谢。

感谢我的恩师刘茂林教授、师母梅丽华女士。拜入师门10余年来,在学习、工作、生活上给予我无微不至的关怀,每每意志消沉之时是两位尊长的鼓励推动着我重新出发。本书从选题、行文架构到语句推敲,能初具形状皆有赖于恩师的谆谆教诲。此为二谢。

感谢王广辉教授、童之伟教授、胡弘弘教授、曾哲教授。王老师的悉心指导让我感受到学术的宽厚、包容之德。童老师的迎头棒喝让我领悟到学术的曲径通幽之妙。胡老师是我的本科宪法老师,启发了我对宪法的研习兴趣,每一次登门求教都让我获益良多。曾老师亦师亦友,浓浓的乡情让我备感温暖。此为三谢。

感谢方世荣教授、刘嗣元教授、石佑启教授、戚建刚教授。各位老师在本书写作中提出的批评、建议斧正了它的完善之路。感谢秦小建博士、尹训国博士、谭万霞博士、袁博博士、陈文明博士、潘高峰博士、陈咏梅博士。各位同窗在这些年共同求学道路上的点滴帮助、共勉让我终身铭记。此为四谢。

感谢我供职的西南大学法学院张新民教授、赵云芬教授、张步文教授、赵学刚教授。各位领导、同事营造了让我体会教学相长的和谐氛围。感谢马涛博士。同窗、同事之谊在人心浮华的当下倍显珍贵。感谢参加本书相关调研的 2008 级、2009 级 124 位同学。秉着"明法、明理、至公、至正"的精神，竭心尽力共同完成第一手资料的收集、整理，使本书写作得以贴近现实、脚踏实地。感谢我的 5 位硕士研究生，这个小小的研究团队总是那样的贴心、给力。此为五谢。

感谢我的父亲、母亲、妻子、女儿。家人的体贴、理解与责任是这些年来我能蹚过一道道荆棘并幸福地存在于世上的唯一支撑。此为六谢。

特别感谢台湾东吴大学国际处、法学院的各位领导、同仁，给予我感悟"养天地正气、法古今完人"的访学机会，并提供了宽松、优越的潜心治学环境，让我得以优哉游哉地完成本书的修缮、补正。此为七谢。

七谢之余，难免挂一漏万，诚意于心足矣。过往的岁月一直践行着"因付出而杰出"，本书的完成将成为我新征程的起点。淡定、快乐地做自己喜欢做的事情，坚持并为之奋斗！

赵　谦

2014 年 8 月 18 日

责任编辑:李媛媛
装帧设计:周涛勇
责任校对:方雅丽

图书在版编目(CIP)数据

宪法依据问题研究:以我国土地整理立法为例/赵谦 著.
　-北京:人民出版社,2014.12
ISBN 978-7-01-013945-6

Ⅰ.①宪…　Ⅱ.①赵…　Ⅲ.①立法-研究-中国　Ⅳ.①D920.0

中国版本图书馆 CIP 数据核字(2014)第 215517 号

宪法依据问题研究

XIANFA YIJU WENTI YANJIU

——以我国土地整理立法为例

赵　谦　著

人民出版社 出版发行
(100706　北京市东城区隆福寺街 99 号)

北京市大兴县新魏印刷厂印刷　新华书店经销

2014 年 12 月第 1 版　2014 年 12 月北京第 1 次印刷
开本:710 毫米×1000 毫米 1/16　印张:12
字数:187 千字

ISBN 978-7-01-013945-6　定价:35.00 元

邮购地址 100706　北京市东城区隆福寺街 99 号
人民东方图书销售中心　电话 (010)65250042　65289539